文创产业与展示艺术

——辽宁省文创产业融合发展路径研究

王　雄　编著

中国文联出版社

图书在版编目（CIP）数据

文创产业与展示艺术：辽宁省文创产业融合发展路径研究／王雄编著 . -- 北京：中国文联出版社，2024. 9. -- ISBN 978 - 7 - 5190 - 5643 - 8

Ⅰ. G127. 31

中国国家版本馆 CIP 数据核字第 2024129T2S 号

编　　著　王　雄
责任编辑　胡　笋
责任校对　秀点校对
封面设计　吴　睿

出版发行　中国文联出版社有限公司
社　　址　北京市朝阳区农展馆南里 10 号　邮编 100125
电　　话　010 - 85923025（发行部）010 - 85923091（总编室）
经　　销　全国新华书店等
印　　刷　天津和萱印刷有限公司

开　　本　710 毫米 × 1000 毫米　　1/16
印　　张　12
字　　数　177 千字
版次印次　2024 年 9 月第 1 版第 1 次印刷
定　　价　65. 00 元

随着全球经济的迅猛发展和文化多样性的不断丰富,文化创意产业已成为推动经济增长和社会进步的重要力量。作为文化创意产业的重要组成部分,展示艺术以其独特的表现形式和强大的传播功能,在促进文化交流、提升文化认同以及推动产业创新方面发挥着至关重要的作用。在这一背景下,《文创产业与展示艺术——辽宁省文创产业融合发展路径研究》一书,旨在系统地探讨展示艺术与文化创意产业的关系,并通过辽宁省这一具体地域的实践案例,展现展示艺术在促进区域文化创意产业发展中的独特作用。

展示艺术作为一门跨学科的应用设计专业,涵盖了环境设计、视觉传达设计、数字媒体艺术等多个领域。其起源可以追溯到19世纪的博物馆设计和万国博览会,经过近二百年的发展,展示艺术已经从一种简单的信息传递方式演变为一种综合性的设计行为。现代展示设计不仅在商业空间中得到广泛应用,而且在博物馆、纪念馆、科技馆等公共文化空间中发挥着重要作用。展示艺术不仅是文化产品的外在表现形式,更是文化内容的有机组成部分,通过视觉、听觉、触觉等多感官的综合体验,展示艺术能够有效地传递文化信息,增强观众的文化认同感和参与感。文化创意产业是以文化为核心,通过技术和创意的结合,创造出具有高附加值的文化产品和服务的产业。它不仅包括传统的文化产业,如出版、影视、音乐等,还涵盖了新兴的文化产业,如数字媒体、动画、游戏等。文化创意产业的兴起,标志着经济发展模式从传统的资源依赖型向知识和创意驱动型的转变。在这一转变过程中,展示艺术作为文化创意产业的重要载体,起到了桥梁和纽带的作用。通过展示艺术,文化创意产品得以广泛传播,不仅提升了产品的市场价值和品牌影响力，还促进了文化创意产业与其他产业的融合，推动了产业链的延伸和升级。

辽宁省作为中国东北地区的重要省份，拥有丰富的文化资源和深厚的历史积淀。近年来，辽宁省积极推进文化创意产业的发展，取得了显著的成效。在这一过程中，展示艺术发挥了重要的作用。通过举办各类艺术展览、设计大赛、文化节庆等活动，辽宁省不仅展示了丰富的文化资源和创新成果，还吸引了大量的国内外游客和投资者，为文化创意产业的发展注入了新的活力。例如，沈阳铁西红梅文创园作为辽宁省文化创意产业的代表性项目，通过展示艺术的多样化应用，成功地将传统工业遗产转型为现代文化创意产业基地，极大地提升了区域文化创意产业的整体水平。本书的撰写旨在为展示艺术与文化创意产业的研究提供系统的理论框架和实践指导。在理论方面，通过对展示艺术和文化创意产业的历史、现状和发展趋势的梳理，探讨了两者之间的内在联系和互动关系。在实践方面，结合辽宁省的具体案例，详细分析了展示艺术在促进文化创意产业发展中的具体应用和成效。这不仅为相关研究提供了丰富的资料和经验借鉴，也为从事展示艺术和文化创意产业的专业人士提供了实用的指导和启示。

在撰写本书的过程中，我深深体会到展示艺术和文化创意产业的无限潜力和广阔前景。随着科技的不断进步和人们文化需求的日益增长，展示艺术和文化创意产业将迎来更加繁荣的发展期。然而，要实现这一目标，还需要各方面的共同努力。首先，政府应加大对展示艺术和文化创意产业的政策支持和资金投入，为其发展创造良好的环境和条件。其次，教育机构应加强对展示艺术和文化创意产业的专业教育和人才培养，为产业发展提供坚实的人才保障。最后，企业应积极探索展示艺术和文化创意产业的融合创新，推动产业链的延伸和升级，不断提升产品的市场竞争力和品牌影响力。总之，展示艺术和文化创意产业的发展不仅是经济增长的需要，也是文化繁荣和社会进步的重要保障。希望本书的出版，能够引起更多人对展示艺术和文化创意产业的关注和研究，共同推动这一领域的持续发展。同时也希望，通过本书的介绍和分析，能够为辽宁省乃至全国的文化创意产业发展提供有益的参考和借鉴。让我们共同努力，为实现展示艺术和文化创意产业的美好未来而奋斗。希望本书能为广大读者，尤其是展示艺术和文化创意产业的研究者和从业者，提供有价值的知识和启示。衷心感谢所有关心和支持本书的朋友和同事，感谢你们的鼓励和帮助。参与本书编写的有宗诚、白新蕾、张赫轩、宋铭涵、刘帅、刘雨桐。本书是辽宁省教育厅面上项目"展示艺术助力辽宁省文化创意产业发展研究"（项目编号：LJKR0524）研究成果。希望通过我们的共同努力，展示艺术和文化创意产业的发展能够迈上新的台阶，取得更加辉煌的成就。

编著者
2024 年 5 月

|目　录|

第一章 展示艺术与文化创意产业关系的理论阐释

第一节 展示艺术概述

展示设计起源于 19 世纪兴起的博物馆设计和万国博览会。经过近两百年的发展，它已经逐渐发展成为一门横跨环境、产品、平面三大学科门类，涉及景观设计、建筑设计、环境设计、工业设计、视觉传达设计、数字媒体艺术、动画设计等领域，庞大而复杂，多专业交叉的应用设计专业。展示设计在现代商业空间中的应用已经越来越广泛和深入，大众对其的接受度和认知度也越来越高。"展示""展示空间""展示设计"早已成为大家日常生活中耳熟能详的常用词汇。

一、什么是展示

"展示"一词可分为动词和名词两个属性。动词"展示"可以解释为"打开来呈现给众人观赏"的动作过程，而名词"展示"则是对这一系列行为动作的总称。"展示"活动是一个具有明显目的性和计划性的信息传递行为。它是建立在受众和信息发布者之间，基于"信息发布、信息传递、信息交互"的主动设计行为。这些"展示"行为根据受众群体数量多少、信息传播的深度与广度、信息传递产生的影响大小而千差万别。自然界中的初级"信息展示"行为简单而直白，雄性动物通过"展示"自身形体的硕大、羽毛色泽的鲜艳、声音的高亢来获得繁衍后代的机会。人类社会早期也是通过诸如佩戴动物皮毛、文身等方法体现自身地位的显赫。

随着人类社会的不断发展进步、科技力量的日新月异,"文化信息"在人们生活、交往、工作、娱乐中扮演着越来越重要的角色。同时,"文化的传递"和"信息的含量"也越来越多、越来越复杂,这都使得现代"信息展示"的方式和载体也变得越来越多元。从古代驿站、酒肆的布帆到现代电子户外广告牌,从原始的图腾文身、兽皮麻布到现代的服饰文化,从传统的节日祭祀、庆典到现代的多功能舞台艺术,"展示"得到了超长跨度的发展。

随着科技在未来社会的飞速发展,信息在人类社会中的交换会变得更加频繁、更加广泛、更加快速、更加复杂、更加普遍、更加多元,社会对展示设计的依赖必然越来越高,展示设计本身会发展得越来越多样,设计范畴也会越来越广泛。

二、展示空间的概念及核心

"展示空间",顾名思义是为"展示"活动提供的环境空间,它包括构筑物的外立面、外环境、内部空间、通道、展示区域、活动区域,洽谈、接待、仓储等空间。从广义的角度来看,展示空间还包括抽象的时间维度与观众的心理维度。由于"不同展示活动"对传递信息的内容、数量、方式、手段、效能等因素的要求各不相同,满足该需求的展示空间在大小、规模、类型、样式等方面也不相同。所以展示空间也很难用一概而论的套路式模式或理论进行设计。虽然展示设计不存在统一的模板,但优秀的展示空间大致包括以下几方面的特点。

(一)更具创造力和体验感的设计

消费者对空间的"好奇"和"不满足"永远是展示空间设计工作得以不断发展、突破、创新的原动力。在好奇心和趣味的驱使下,人们总是厌倦和远离那些令人乏味的设计作品,更加乐意接近有艺术张力、突破束缚、富有创意而又充满美感的设计作品。比如,纽约的古根海姆博物馆的螺旋式展示步道及由此构成的新的建筑艺术形式、贝聿铭先生设计的充满三角形结构语言的美国国家博物馆新馆。

同时，当代设计强调使用者的"体验"与结果。它主要指观众在游览观看过程中的真实感官体验和评价。这种评价并不仅仅是视觉上的美与丑，还泛指更加直观、更加民主化、更加人性化、更加多元的使用感受。比如苹果手机专卖店的展示设计，用户在整个购买、参观过程中所体验到的设计服务、展项使用、信息交互体验、设计便捷性与有效性等，都会增加消费者的体验度，从而增加品牌的信任度和忠诚度。

（二）更高效的信息传递与交互

不是装饰得越花哨，颜色越丰富，造型越复杂，展示的效果就会越好。好的展示空间能够放大、加快信息的有效传递。无论是从视觉、听觉、触觉还是从嗅觉等感官出发，均能够使信息更加有效地扩张开、使人沉浸在信息感知网中，最终影响人的情绪引起共鸣。这里所提到的"信息"与"信息传达"并不仅仅指以电子科技为代表的多媒体展示方式，也包括传统和现代展示方式在内的所有视觉化的综合信息传递与设计。很多设计案例将大量时间和精力浪费在空间装饰环节上，忽略了"信息"和"信息的传递"，结果适得其反。不但没有起到传递信息的作用，反而分散了观众的注意力，所以金玉其外的展示空间不一定都是好的设计，信息的传递与交互才是设计的核心。

（三）更加综合的多领域系统化设计

现代展示设计融合了"建筑""环境""美学艺术""视觉传达""产品"等多学科，在实践应用中则表现得更加灵活多样，所以"展示设计"中的综合性和系统性就显得尤为重要。其中"综合性"是指设计师对项目的多维度设计思考。以纽约 911 纪念馆为例，该建筑设计的核心是整个"遗址空间、参观路线、观众心理感知"间的配合与有效利用问题。主创团队首先思考的并不是某件展品展示的单一问题，而是从多角度横向分析更加宏观的复杂问题。其他诸如展品展项与周边环境的协调、观众流动的便捷性与安全性、灯光照度与观看视线的合理性等问题则是需要在后续设计中陆续解决的。而"系统化"的设计方法正是解决这些问题的关键，它是一种有效的，在众多的思考问题中科学地筛选、组合、排列，有序而高效地解决最核心问题的工作方法和设计原则。

三、展示设计的历史

我们暂且以1851年英国海德公园举办的万国博览会为节点，将之前的展示设计归属于初级的展示行为，在此之后的展示设计都归类为现代展示设计。本书所介绍、讨论的展示设计案例及研究主要以现代展示设计为主。之所以这么划分，是因为在人类的设计史中，1851年的万国博览会是目前学界公认最有影响力和代表性的展示设计类的巅峰之作，真正开启了现代展示设计的大门。至今，万国博览会已经历了近170年的发展历程。除了以博物馆为代表的传统展示设计外，随着人类文明迈进工业社会之后，工业产品及其背后所代表的工业标准化模式又使传统的博物馆展示设计与当代商业文化碰撞出新的火花。展示设计由此衍生出众多不同的设计门类，并与现代消费社会相互渗透影响。其中对现代展示设计产生了重要影响的几种设计流派和设计观念包括现代主义设计、波普艺术、流线型设计、VI设计等。

四、当代展示设计的特点

（一）更加科技化

当代展示设计更加紧密地与科学发展和技术进步绑定在一起。科技的蓬勃发展为展示设计提供了无限可能性以及超越传统的媒介载体和传播渠道支持。打破了传统展示设计中视觉信息传递的边界，在时间维度和空间维度上创造了更多的发挥空间，将展示设计推到一个全新的高度。静态的展板及传统的实物陈列再也不能满足现代观众对信息传达的知识总量、形式美感、交互体验的需求。VR虚拟现实技术、AR技术的出现，大大增强了展示的信息承载量和吸引度。随着网络技术和数字媒体技术的融合，新一代的虚拟技术已经在当代的展示设计领域中崭露头角。为观众创造出大量的新一代的虚拟展示体验设计。

（二）更加多元新颖的艺术表现形式

当代展示设计在与其他专业交融碰撞的过程中变得更加多元、更加弹性、更加模糊，现代商业社会对展示设计的要求也越来越严苛。这都迫使当代的展示设计师不断地推陈出新，找到更加具有吸引力和艺术感的设计来满足不断变化的大众需求。尤其是在艺术的表现形式和张力上，设计不但要满足信息的有效传递，还要保证观众在接受信息过程中视觉审美上的愉悦和满足。因此，艺术表现形式上的多元和丰富也是当代展示设计的特点之一。

（三）更加生活化，更加大众化

正如"现代主义"所主张的"为大众而服务"的设计理念，现代展示设计也越发地深入大众生活中来。无论是传统的博物馆展陈设计，还是新的商业展示设计，大家都无一例外地将普通大众作为首要的服务目标。为每一位参观者提供优良的参观体验是现代展示设计的目标。另外，从展示设计的内容上看，这种服务大众的设计趋势也十分自然。以博物馆设计为例，如何让普通百姓看懂并理解展品是博物馆进行展品展项设计时的工作重点，设计人员必须将那些非常专业的展示内容，用通俗易懂的语言和呈现方式展示给非专业的普通观众。而现代商业展示的内容更是我们日常所见、所用、所食的家居、办公的生活用品。

（四）更加环保

设计界早在 20 世纪中期就已经表达了对可持续发展、绿色环保、减少资源浪费等环保主题的关注和思考，作为从世博会走出来的当代展示设计更加不能置身事外。依据中国产业信息网 2018 年发布的数据看，2011—2016 年，我国举办各类展览数量从 6830 场上升到 10519 场，增长了 54%；展览面积从 8120 万平方米上升到 13264 万平方米，增长了 63%。2015 年，全国超过 10 万平方米的展会项目有 124 个，比 2014 年增加了 16 个，其中最大展会展出面积达到 118 万平方米。但很可悲的是，正是基于消费社会的"设计废止制"和展示本身的"短、频、快"的特点以及目前我国建筑装饰行业低端的生产加工技术能力，造成我国展示行业每年消耗掉大量的材料和能源、产生了数量惊人的装饰垃圾、造成巨大的社会资源浪费。

五、展示空间的分类

当代展示设计所涉及的领域从小到大，展期从短到长，地点从内至外，从功能到目的，林林总总十分广泛和庞杂。设计界也并没有一个绝对标准的分类方法和分类准则。在此，笔者认为可将其做以下划分。

（一）展期原则分类法

按照展览活动的时间长短也就是展览周期来分类，展示设计可分为永久性展示、中长期展示和短期展示。

1. 永久性展示——博物馆/纪念馆/科技馆/主题游乐园/遗址遗迹类场馆

永久性展示指自开馆之日起，除局部的展品展项或分展区进行定期更换调整外，整个展览活动永不停止（战争、自然灾害等情况除外）的展示活动。这类展示项目一般以各种类型的国家级博物馆、主题游乐园、城市形象识别类居多，如渥太华自然博物馆古生物展厅。永久性展示相对于临时性展览来说对设计师的要求更多，限制也更多，比如设计时除了需要协调各种复杂的使用功能之外，还必须考虑长时间展览所带来的材料耐久性、结构稳固性、展品和展项的后期维护和管理、人员的调配、资金的投入和配套技术可实施性等复杂问题。另外，永久性展示空间并不意味着展示内容的永恒不变。恰恰相反，正是由于其展示的长期性，永久性展示项目常常会对内部展项和展览主题定期进行调整并设有临时性展示空间，以保证项目的持续吸引力和新鲜感。

2. 中长期展示——世博会/企业展示厅/商业展示空间

中长期的展示活动一般指那些展览时间在半年以上的临时性展示活动，比如世界影响力很大的世博会。这一类的展示活动及场所最终都需要撤除或者更改展示内容，但是它们的展示周期又不是一两天那么短，所以这一类展示行为属于介于长期展览和临时性展览之间的一个类别。这部分展示设计除了和永久展示一样要求展示空间的功能性和使用性之外，还对使用材料的耐久性、包装的运输性、结构搭建的复杂性、撤除的便捷性都提出了全新的要求。因为这些中长期的展示空间很多是在租赁的场地搭建起来的，而且在展期结束后是需要拆除的。所以设计时必须考虑其资金投入和对周围环境的影响。

3. 短期展示——商业展览/橱窗/促销活动/庆典祭祀类

展期在三个月以内或者时效更短的展示活动都属于短期展示活动。现代各种商业会展就是这一类展示活动最典型的代表。快节奏的设计、制作、搭建、使用、撤除成为这一类型展示最主要的特点。在这些紧凑的环节上，每个环节都体现着现代商业紧张、快速、高效的特色。而这些展览作品的寿命大都只有3天而已，所以在这种高强度、高密集度的展会活动中，投入和产出、环保和循环再利用成为这类展示活动给设计师提出的两个最核心的命题。在最少的资金投入下，最大限度地发挥出展示空间的视觉效果，同时还能把对环境的污染和对材料的损耗降到最低，这一直是有社会责任感的展览设计师所追求的最高目标。

（二）展出面积分类法

这是一种按照展示活动使用场地面积的大小进行分类的一种方法（一般以3米×3米为一个基础展出面积计算单位，即9平方米）。这种分类方法能够更加直观地反映出展示活动的规模和复杂程度，越大的展出面积所涉及的问题就越复杂、设计难度也越高、从设计到施工的周期和工作量也越大。

大型展示（1000平方米以上）：博物馆/主题展馆、园区/大型商业空间/企业展厅等。

中型展示（100—1000平方米）：中小型陈列馆/商业展览/企业展示厅/会场设计等。

小型展示（100平方米以下）：小型展位/橱窗/促销活动/城市导视类等。

（三）展示环境分类法

环境分类法主要是依据展示场地所处的地理位置划分的。该分类法在实际工作中并不常见，但它能从一个侧面反映出展示空间与所处环境的位置关系，从而反映出特殊环境对展示设计的特殊要求。

1. 室内展示（受光线影响较大）——大部分商业展示项目属于此类型

室内场地的环境条件一般都好于室外，不仅不用考虑风、雨等气候因素影响，同时保暖和防寒也都占有较为有利的条件。另外，对于光线的运用也较为有利，室内光线的强弱和色彩可以根据实际空间效果进行再设计。最后就是对设计中使用的材料和施工工艺的影响很低，施工周期和进度不受风、雨等气候的影响。

2. 室外展示（受天气如阳光、风、雨等影响较大）——主题游乐园/促销活动/个别展览/城市导视类

室外场地一般适合做露天会场、公共娱乐和活动空间使用，它的通风状况要远远好于室内场地，如班夫国家公园的室外展示。和室内空间相比，它更容易受到外部气候的影响，对设计材料的选用和施工条件的要求要高于室内场地。尤其是那些长期型的室外展示设计，很多材料除了需要考虑它的耐久性之外，还要考虑它的耐候性等其他材料属性，以保证整体设计的安全性。

（四）展出形态分类法

展示空间按照设计方式和陈列方式可以分为"动态展示"与"静态展示"两类。在现代展示设计中，从头至尾只使用单一设计方式来演绎展示项目的做法并不多见。大家基本上都会采用"静态"或"动态"的展示方式来综合处理空间布局问题。

1. 静态展示

静态展示多以文字、图片、展板来表现展品或展示主题。这是一种较为传统的展示形式，它往往给人以安静、深邃并且略带岁月蹉跎的神圣之感。我们经常可以在艺术馆、珠宝展、画展、历史文物展上看到这种展示形式，如蒙特利尔艺术博物馆艺术绘画展。现代的商业橱窗和很多其他展示场合也常常用这种方式向观众展示展品和介绍文化主题。这种展示方式的互动性和参与性都不高，于现代的声、光、电综合展示手段而言就显得比较单薄，所以它一般适用于博物馆、展览馆、美术馆等场所，风格相对严肃、古板。大多数传统展示项目多以静态陈列为主，包括绝大多数的博物馆主题展览。

2. 动态展示

动态展示是一种活泼且现代的新型展示形式，它往往强调多种展示形式和语言的综合运用，如声音、光线、动态画面、虚拟现实技术、机械装置等设计手段需要综合运用在一个时空当中，创造出互动性极佳的展示效果，如庞贝古城火山喷发的动态展示。这种动态的展示方式在如今的现代商业展示中备受青睐，大家也都乐于采用这样相对动态的展示手法拉近与观众的距离。它有别于陈旧的静态展示，采用活动式、操作式、互动式的方法与观众进行游戏互动，在互动中使观众加深对展示主题的理解，调动观众的积极性与参与性，激发观众对展品的了解欲望、使展示活动更丰富多彩，以取得更好的效果。

第二节　文化创意产业概述

一、什么是文化创意产业

文化创意产业（Cultural and Creative Industries，CCI），是在经济全球化背景下产生的以创造力为核心的新兴产业，强调一种主体文化或文化因素依靠个人（团队）通过技术、创意和产业化的方式开发、营销知识产权的行业。文化创意产业是以创造力为核心的新兴产业，是我国文化产业发展的重要增长极，而且在全球经济中占据越来越重要的地位。联合国教科文组织在其2022年发布的《重塑创意政策》报告中，明确界定了文化产业为按照工业标准生产、储存以及分配文化产品和服务的一系列文化活动，并强调了确保文化表现形式多样性的重要性。这一定义为全球文化创意产业的发展提供了方向。进一步地，中国的《"十四五"文化产业发展规划》于2021年5月提出"以文化创意、科技创新、产业融合催生新发展动能，提升产业链现代化水平和创新链效能"。紧随其后，2022年8月印发的，《"十四五"文化发展规划》进一步提出了促进文化事业和产业繁荣的目标。这些政策的实施标志着高质量发展文化创意产业成为"十四五"时期的重点项目。

文化创意产业是经济、文化与技术等社会元素的有机融合。该产业覆盖领域广泛，包括广播影视、动漫、音像制品、传媒、视觉艺术、表演艺术、工艺与设计等，各类创意群体通过技术和创意营销其知识产权。近年来，国家大力支持文化创意产业的发展，诸如国家大剧院、798 艺术区等公共展演场地的扩建，都是为了激发文化艺术市场的活力，并重视利用制造业的既有优势来促进文化创意产业的进一步发展。这种政策支持和市场活力的双重推动，使得文化创意产业在推动我国成为社会主义文化强国、提升文化软实力、促进经济高质量发展方面发挥着日益重要的作用。因此，未来文化创意产业的发展潜力巨大，预期将继续成为国家战略发展的重点领域。

二、文化创意产业的社会根基

文化创意产业，以其独特的创意概念和对文化、知识的系统性整合，不仅普及性强、利于传播，而且在形成普世价值观和平等性方面具有显著影响力。这种产业的特性使其成为全球范围内发达国家的重要组成部分，反映了文化价值的普世接受度，是形成影响力的关键条件。

从历史的宏观视角来看，创意产业的崛起背后，有着深厚的历史背景。首先，欧美等发达国家在完成工业化后，开始从传统工业向服务业和高附加值制造业转型。在这一过程中，一些初级加工和重工业被转移到成本较低的发展中国家，同时，这些国家的许多老旧产业和城市开始衰落，迫切需要经济结构的转型。在社会学的范畴内，20 世纪 60 年代，欧美地区出现了大规模的社会运动，包括亚文化、流行文化和社会思潮的兴起，对传统工业社会结构造成了显著冲击。这一时期，社会开始重视文化差异，反对主流文化的压制，张扬个性解放，逐渐接受以往被视为怪异的多元文化。这种社会和文化的多样化、多元化为创意产业的发展创造了有利条件，促进了个人创造力的发挥。此外，在经济政策方面，80 年代，随着撒切尔夫人和里根上台实施的经济政策，鼓励私有化和市场自由竞争，企业和个人被激励进行创新，追求差异化以获得市场优势。这些政策进一步推动了创意产业的发展。在这样的时代背景下，西方发达国家的创意产业不仅萌生，而且持续发展，尤其是美国的文化产业，在全球范围内尤为突出，其对国内生产总值（GDP）的贡献极为显著。

文化创意产业的兴起和发展是对经济、社会和文化变迁的直接反映，其重要性和影响力在全球范围内持续扩展。这一分析不仅突显了该产业在全球文化经济中的核心地位，而且强调了其作为社会经济变革的一个重要催化剂的角色。

三、发展历程

尽管中国拥有悠久的历史和丰富的文化资源，但在将这些文化资源转化为产业推广的过程中，其潜力尚未得到充分发挥。国内对于"软实力"的解释往往局限于对如电影、书籍等文化产品的推广，而忽略了更为核心的元素——引人入胜的价值观。实质上，真正的"软实力"不应仅仅局限于如"红灯笼"等文化符号的表象，而应深入这些符号背后所代表的价值观念，这些才是构成文化吸引力的根本。

进一步而言，科技能力等其他方面也构成了软实力的重要组成部分。在这些领域内，美国无疑占据着强势地位。中国若想在这些领域迎头赶上，显然还需经历一个长期的调整和发展过程。在当前的全球经济环境中，创意产业已不再仅仅是一个理念，而是已转化为具有巨大经济效益的实际产业。约翰·霍金斯（John Howkins）在其著作《创意经济》中指出，全球创意经济每日创造高达 220 亿美元的收入，并以约 5% 的速度递增。特别是在某些国家，如美国和英国，这一增长速度更是分别达到了惊人的 14% 和 12%。"文化产业"和"文化创意产业"频繁成为讨论焦点，讨论往往仅停留在概念层面。国内学术界众多学者围绕文化创意产业的不同侧面提出了各种解释。有观点认为文化产业主要是创造出一些能够吸引人眼球的文化产品，如电视节目、影像制品等，因此称之为"眼球经济"。有观点认为文化创意产业竞争主要是围绕如何争夺受众的注意力，并围绕受众的注意力展开多种经济附加值服务，因此称之为"注意力经济"。还有的观点根据伴随中国汽车数量急剧增长而出现的交通广播类节目盈利模式提出了"耳朵经济"的概念。然而，这些表述均未能全面把握文化创意产业的核心本质。

在国际视野中，不同国家对于文化创意产业的称呼和理解各不相同。英国和韩国通常使用"创意产业"这一术语，而欧洲其他国家可能更倾向于称之为"文化产业"。在美国，由于其高度法治和知识产权的严格保护，相关产业通常被称作"版权产业"。这些差异揭示了即使在发达国家中，文化创意产业的定义和理解也存在显著的多样性和复杂性，这反映了全球范围内对此概念的不同解读和实践。

四、文化创意产业的崛起

20世纪90年代，全球无线电视和基础有线电视产业，以及付费电视市场，分别有75%和85%的收入依赖于美国电视节目的广泛吸引力。此外，美国制作的电影和家庭录像产品占据了全球55%的票房和相同比例的家庭录像市场收入，而美国的CD和录音带大约占据全球录音产业收入的一半，图书市场则占据了全球图书市场的35%。这种文化输出不仅为美国带来了巨大的经济收益，也迅速地将美国的文化价值体系推广至全球范围。美国的价值观通过其影视作品在国际舞台上得到了广泛的传播。此外，亚洲的韩国和日本在发展文化创意产业方面也取得了显著成就。特别是韩国的电影和电视剧，不仅在东亚地区风靡，也在欧美市场产生了显著的影响力，这种被称为"韩流"的文化现象不仅吸引了全球观众，也为韩国带来了可观的外汇收入。

在全球化的宏观背景下，尽管经济一体化日益加深并且互联网技术的迅猛发展促成了麦克卢汉所描述的"地球村"，文化产业的全球同质化现象日益加剧。每个国家和民族都拥有无可替代的独特文化和历史，这使得文化资源成为国家的宝贵资产。若各国未能加强本土文化资源的开发和产业化，则可能面临外来文化产业浪潮的冲击。尤其是冷战后美国在文化产业方面对发展中国家施加了深远的影响，推动了全球文化的同质化。自20世纪80年代末以来，以美国为首的西方国家强化了对发展中国家的文化输出，加剧了文化帝国主义现象，即使是看似无害的娱乐性节目，也无意中推广了西方的生活方式，对发展中国家尤其是年青一代产生了深远的影响。中国拥有丰富的文化素材和资源，如电影《卧虎藏龙》和《花木兰》，这些作品虽然根植于中国故事，却由好莱坞及迪士尼公司制作并获得全球认可。此外，中国在文化产业化和版权保护方面存在不足，这些由美国公司制作的作品导致原本属于中国的文化资源的经济利益和版权归属了外国企业。因此，加速文化创意产业的发展，提升本土文化的国际竞争力显得尤为重要。哈佛大学教授约瑟夫·奈（Joseph Nye）提出的"软实力"概念强调，有效地将文化推广到全球舞台是提升国家影响力的关键策略。

文化产业作为国家软实力的一个重要组成部分，对国家形象和国际影响力具有深远的影响。美国通过其多样化的文化产品如电影、音乐和图书，在全球范围内塑造了其文化霸权，从而巩固了其国际地位。亚洲国家，尤其是韩国通过文化输出如电影、电视剧及流行音乐，在全球文化市场上占据了一席之地，成功地将韩国文化转化为其国家的一种软实力。然而，面对全球化带来的文化同质化趋势，保护和推广本土文化成为各国不可回避的课题。未来的文化产业发展需要更加注重文化多样性的保护与推广，以及本土文化特色的全球化传播，从而在全球文化舞台上展现独特的国家形象和文化魅力。这不仅需要政府层面的政策支持和资金投入，也需要文化产业本身不断创新和升级，以适应快速变化的国际市场环境。

通过对国际文化市场的深入分析和战略布局，各国可以有效地利用自己的文化资源，转化为经济利益，并通过文化的国际交流与合作，增强自身的国际影响力。正如哈佛大学教授约瑟夫·奈所强调的那样，软实力及其文化组成部分是现代国际关系中不可忽视的力量，它通过无形的文化交流，塑造国家形象，影响全球观众，成为实现国家战略目标的关键工具。

五、核心价值观与文化吸引力

实际上这个产业最核心的东西就是"创造力"。也就是说，文化创意产业的核心其实就在于人的创造力以及最大限度地发挥人的创造力。"创意"是产生新事物的能力，这些创意必须是独特的、原创的以及有意义的。

在"内容为王"的时代，无论是电视影像这样的传统媒介产品，还是数码动漫等新兴产业，所有资本运作的基础都是优良的产品，而在竞争中脱

13

颖而出的优良产品恰恰来源于人的丰富的创造力。因此,文化创意产业的本质就是一种"创意经济",其核心竞争力就是人自身的创造力。由原创激发的"差异"和"个性"是"文化创意产业"的根基和生命。

阿特金森(Atkinson)和科特(Court)1998 年明确指出,新经济就是知识经济,而创意经济则是知识经济的核心和动力。美国人已经发出"资本的时代已经过去,创意的时代已经来临"的宣言。

"创意"或者"创造力"包括两个方面。第一是"原创",这个东西是前人和其他人没有的,完全是自己原创的,比如京剧、昆曲、武术就属于中国原创。二是"创新",它的意义在于虽然是别人首先创造的,但将它进一步地改造,形成一个新的东西,就可以给人新的感觉。电影《卧虎藏龙》就是一个采用西方化的艺术表达方式来包装中国内核的故事,属于一个创新过程而不是原创。对于创造力来说可以有原创也有创新。比如广州军区杂技团利用杂技的形式重排西方经典芭蕾舞剧《天鹅湖》,老外看后惊叹不已。西方主流报纸《纽约时报》为此还特地做了一段一分三十秒的录像放到《纽约时报》的网站上,产生了很大影响。这样的形式虽然不是原创的,但是属于一种创新,也是一种很好的创造力。

还有一个经典的例子就是迪士尼集团,该集团不仅生产发行了动画片《米老鼠与唐老鸭》,还将这些卡通形象做成玩具、服装,建造迪士尼乐园主题公园。人的创造力是无限的,可以实现创造力的途径也是无限的。迪士尼的许可产品一年在全球的零售额达 1120 亿美元,其中 290 亿美元来自娱乐人物形象,包括玩具、服装、电影还有电视等。中国全国广电系统 2004 年全年总收入 100 多亿美元,而世界第一大媒介集团美国时代华纳 2004 年年收入 440 亿美元,是我们整个广电行业的四倍。

第三节　展示艺术与文化创意产业的关系

展示艺术与文化创意产业紧密相连,相互促进。它不仅为艺术家提供了展示才华的舞台,还成为连接公众与产业的桥梁。通过展示活动,文化创意产业的成果得以广泛传播，同时丰富了艺术形式，促进了产业间的交流与合作。这种互动关系推动了文化创意产业的持续繁荣与创新。

一、相互促进

（一）展示艺术推动文化创意产业的发展

展示艺术在文化创意产业的发展中，起到了举足轻重的作用。在全球化的大背景下，大型艺术展览、设计展和文化节等艺术展示活动，已经日益成为推动文化创意产业发展的重要力量。这些活动不仅构建了一个世界级的舞台，让艺术家和设计师们能够充分展现才华和创新，而且通过聚光灯下的作品，为文化创意产业注入了强大的活力，带动了产业的蓬勃发展。

北京国际设计周便是一个生动的例子。这一活动会聚了众多全球顶尖的设计师和他们的杰出作品，通过展览、研讨会、工作坊等多种形式，设计师们与观众进行深入的交流和互动。这不仅为设计师们提供了一个展示才华的平台，更让观众领略到了设计的魅力，从而进一步推动了设计相关文化创意产品的销售，提升了整个设计产业的知名度。同样地，国际电影节、音乐节、动漫节等活动也体现了艺术与产业的完美结合。这些活动为电影人、音乐人、动漫创作者等提供了一个展示才华的机会，通过作品与观众产生情感共鸣，进一步拉近了观众与文化创意产业的距离。

展示艺术之所以能够如此有效地推动文化创意产业的发展，主要是因为它为观众、艺术家、企业之间搭建了一座桥梁。艺术展览、设计展、音乐节等活动，让观众有机会亲身感受和体验文化创意产品的独特魅力和价值，从而激发他们的购买欲望。同时，这些活动也为艺术家和设计师们提供了与观众直接交流的机会，让人们更深入地了解文化创意产品的背后故事和创作灵感。不仅如此，这些展示艺术活动也吸引了众多投资者的目光。他们看到了文化创意产业的巨大潜力和市场价值，纷纷投入资金和资源，支持产业的创新和发展。这种支持不仅为文化创意产业的研发、生产和市场推广注入了新的活力，更为产业的可持续发展提供了坚实的保障。而且，通过展示艺术活动，文化创意产业的品牌形象和知名度也得以提升。每一次精心策划的展览、每一场精彩的演出，都是对文化创意产业创新能力和市场潜力的最好展示。这种展示不仅赢得了社会各界的广泛认可和赞誉，更为文化创意产业带来了更多的商业合作机会，推动了产业的繁荣和发展。

展示艺术以其独特的方式，为文化创意产业的发展注入了强大的动力。它通过为艺术家和设计师提供展示平台、拉近观众与产业的距离、吸引投资者关注、提升品牌形象和知名度等多种途径，推动了文化创意产业的快速发展。在未来，展示艺术将继续发挥其独特的魅力，引领文化创意产业走向更加辉煌的未来。

（二）文化创意产业丰富了展示艺术的内容和形式

在文化创意产业的浪潮下，展示艺术正经历着一场前所未有的变革。这种变革既体现在内容的丰富性上，也展现在形式的创新性中。传统的艺术形式，如绘画、雕塑，虽然历经千年仍然闪耀着独特的光芒，但在文化创意产业的推动下，它们开始与数字艺术、虚拟现实、增强现实等新兴艺术形式相互融合，为展示艺术注入了新的活力。

从内容层面来看，文化创意产业的发展为展示艺术提供了无尽的灵感与素材。设计、传媒、艺术等领域的创新理念和作品，如同源源不断的活水，为展示艺术带来了新的生命力。以上海新媒体艺术展为例，这个展览不仅汇集了国内外众多新媒体艺术家的杰作，更重要的是，它运用先进的数字艺术和虚拟现实技术，为观众打造了一个如梦似幻的沉浸式艺术空间。在这里，观众仿佛置身于一个由光与影、声与色交织而成的奇幻世界，与艺术作品进行零距离的互动，获得前所未有的艺术体验。这种新颖的展示方式，无疑吸引了大量的年轻观众，也充分展示了文化创意产业在技术与艺术融合方面的巨大潜力。

从形式层面来看，数字技术和新媒体的广泛应用，无疑为展示艺术带来了翻天覆地的变化。过去，展示形式往往局限于静态的展板和单一的观赏角度，但如今，这些限制已被一一打破。数字技术和新媒体的介入，不仅提升了观众的参与感和互动性，更极大地拓宽了展示艺术的表现空间。通过虚拟现实技术，观众可以深入艺术作品的内部，与作品进行全方位的互动，从而获得更加深刻和直观的艺术体验。这种沉浸式的展示方式，让观众仿佛成为艺术作品的一部分，与艺术家共同呼吸、共同感受。

除此之外，数字技术和新媒体的应用还为艺术家和设计师提供了前所未有的创作工具和手段。传统的绘画、雕塑虽然独具魅力，但在表现形式上难免受到一定的限制。而现在，艺术家和设计师可以利用数字技术创作出更加丰富多样、生动逼真的艺术作品。这些作品不仅具有强烈的视觉冲击力，更能引发观众的深度思考，为观众带来全新的视觉与心灵的双重体验。值得一提的是，这种丰富和创新还极大地提升了展示艺术的观赏性和受众范围。过去，展示艺术往往受到地域、时间等多重因素的限制，难以广泛传播。但现在，借助数字技术和新媒体的力量，展示艺术可以轻松地跨越时空的界限，让更多人领略到其独特的魅力。这无疑为文化创意产业的发展注入了新的动力，也进一步推动了艺术与科技的深度融合。

文化创意产业的发展不仅丰富了展示艺术的内容和形式，更推动了艺术与科技的深度融合。在这种融合中，我们看到了艺术与科技的无限可能，也看到了文化创意产业对展示艺术的深远影响。

（三）展示艺术促进文化创意产业的交流与合作

艺术展览和展示活动为来自不同地域和背景的文化创意从业者提供了一个交流和合作的平台。通过这些活动，从业者可以互相学习、借鉴经验，寻找合作伙伴和商机，共同推动产业的创新和发展。

中国（深圳）国际文化产业博览交易会便是一个绝佳的例证。这一盛大的交易会每年都会吸引众多文化创意企业和个人踊跃参与，他们带着自己的产品和项目，希望在这里找到志同道合的合作伙伴，发掘潜在的商业机会。在熙熙攘攘的展馆内，人们可以看到各式各样的文化创意产品，从传统手工艺品到现代设计作品，无不彰显着从业者的匠心独运和无穷创意。交易会上，从业者之间的交流与互动成为一道独特的风景线。他们或是围坐在一起，就某个话题展开热烈的讨论；或是在展台前互相观摩、学习，汲取彼此的灵感与经验。这种自由、开放的交流氛围，使得每一个参与者都能感受到文化创意产业的活力与激情。更重要的是，在这种交流与合作中，往往能够碰撞出新的创意火花，为产业的创新发展注入源源不断的动力。

除了中国（深圳）国际文化产业博览交易会这样的综合性展会，还有许多其他类型的展示艺术活动也在不同层面上促进着文化创意产业的交流与合作。例如，一些国际性的艺术展览和音乐盛典，就吸引了世界各地的艺术家和音乐家齐聚一堂。他们通过展示自己的作品，分享创作心得，不仅增进了彼此之间的了解与友谊，还推动了不同文化之间的交流与融合。这种跨越国界的合作与交流，无疑为文化创意产业的全球化发展奠定了坚实的基础。

展示艺术之所以能够成为文化创意产业交流与合作的桥梁，源于其开放、包容的特性。在这个平台上，每一个从业者都有机会发声，展示自己的才华与创意。而这种自由的交流环境，正是催生新创意、新灵感的沃土。当不同背景、不同观念的从业者聚在一起，分享彼此的经验与见解时，往往能够产生意想不到的化学反应，催生出更多具有创新性和前瞻性的作品和项目。不仅如此，展示艺术还承担着另一项重要使命——提升文化创意产业的国际影响力。随着全球化的深入推进，一个国家或地区的文化创意产业要想在世界舞台上占据一席之地，就必须具备足够的国际影响力。而展示艺术正是实现这一目标的有力武器。通过参与国际性的艺术展览、音乐节等活动，文化创意产业可以充分展示自己的独特魅力和创新成果，从而吸引更多国际目光和关注。这种国际影响力的提升不仅有助于增强从业者的自信心和归属感，还能为文化创意产业开拓更广阔的发展空间和市场机会。

艺术展览和展示活动在文化创意产业的交流与合作中扮演着举足轻重的角色。它们不仅为从业者提供了一个相互学习、借鉴经验的平台，还促进了不同文化之间的交流与融合，推动了产业的创新与发展。

二、相互依赖

（一）展示艺术是文化创意产业成果的重要展现方式

在文化创意产业的繁荣进程中，展示艺术以其独特且直观的表现形式，凸显了产业成果的价值与魅力。它汇聚了丰富多彩的艺术元素，为艺术家、设计师及文化创意工作者们构筑了一个创意的出口和才华的展示空间。每一次的艺术展览、每一场的激情演出，都是他们与公众对话的桥梁，是他们才华的绽放，也是他们创意的凝练。

以中国长春电影节为例，这一盛大的活动不仅是中国电影产业的一次全面展示，更是中国电影人与世界电影界交流与合作的重要平台。在电影节的开幕式上，最新、最热门的电影作品纷纷亮相，观众可以通过首映式、电影海报等渠道，率先领略到中国电影的最新风貌。这种直观的展示方式，不仅为电影作品提供了一个绝佳的展示机会，同时也极大地推动了中国电影产业的快速发展和国际影响力的提升。观众在欣赏这些精彩电影作品的同时，也可以深刻感受到中国电影产业的蓬勃生机和无限创意，这无疑为中国电影市场的进一步开拓和发展奠定了坚实的基础。

展示艺术在展现文化创意产业成果方面的作用远不止于此。除了电影节，各种设计展览、音乐节、演唱会等活动也是展示文化创意产业成果的重要方式。在设计展览中，观众可以接触到最新的设计理念和创新产品，从而深刻领略到设计的独特魅力和创新价值。而音乐节和演唱会则通过生动的音乐表演，让观众沉浸在音乐的海洋中，感受到音乐产业的创新活力。这些活动不仅极大地丰富了观众的文化生活，也为文化创意产业与其他产业的深度融合与交流提供了契机。

展示艺术之所以能够如此有效地展现文化创意产业的成果，根本原因在于它能够以直观的方式呈现文化创意产品的独特魅力。观众在艺术展览、演出等活动中，可以近距离地感受文化创意产品所带来的震撼。这种直观的体验方式增强了观众对文化创意产品的兴趣，推动了文化创意产品的广泛传播。此外，展示艺术还在提升文化创意产业的品牌形象方面发挥着重要作用。通过精心策划的展示活动，文化创意产业可以充分展示自己的创新实力，吸引更多的关注和认可，进而提升产业的竞争力，推动其持续发展和创新。

（二）文化创意产业通过展示艺术传播文化与价值观

精心策划的展示活动往往承载着深厚的文化内涵和价值观。通过艺术展览、演出等展示形式，文化创意产业成功地传递了特定的文化理念和价值观念，引导观众深入思考和理解文化的多样性和丰富性。

以故宫博物院为例，这座历史悠久的博物院，不仅是中国古代皇家的宫殿，更是中华文化的瑰宝。其举办的文物展览，通过展示那些历经沧桑的珍贵文物和艺术品，观众有机会近距离地领略到中华文化的博大精深。每一件精心挑选的文物，都如同一本"活着的历史书"，它们用无声的语言，讲述着过去的故事，展现着中华文化的独特魅力和深厚的价值观。这种传播方式，无疑在提升观众文化素养的同时，也成功地传承和弘扬了中华文化。

然而，故宫博物院的展览仅仅是众多展示艺术活动的一个缩影。如今，各种类型的展示艺术活动都在以各自独特的方式，传播着文化与价值观。比如，一些专注于民族文化的展览和演出，通过生动的视听表现，向观众展示了不同民族丰富多彩的文化特色和传统习俗。这些活动，不仅为观众提供了一场场视觉与听觉的盛宴，更让他们在欣赏艺术的同时，深入了解了不同民族的文化内涵和价值观，促进了各民族文化的交流与融合。再如，一些以环保为主题的展览和演出，通过震撼人心的艺术作品，向观众传达了环保理念和可持续发展的价值观。这些活动以艺术为媒介，呼吁人们关注环境问题，珍惜自然资源，共同为地球的未来发展贡献力量。它们以直观、生动的方式，让观众深刻认识到环保的重要性，从而引导他们在日常生活中践行环保理念，推动社会的可持续发展。

文化创意产业之所以能够通过展示艺术传播文化与价值观，得益于其丰富的文化资源和无尽的创意灵感。这一产业深入挖掘和整合了各种文化的元素和特色，包括历史、民族、地域等多个方面，从而创作出具有深刻文化内涵和独特艺术价值的作品。这些作品以直观、生动的形式呈现在观众面前，引导他们深入思考和理解文化的多样性和丰富性。同时，文化创意产业还充分利用了现代科技手段，如虚拟现实、增强现实等，为观众提供了更加沉浸式的艺术体验。这种体验方式让观众仿佛置身于艺术作品之中，与作品产生强烈的共鸣和情感连接，从而更加深入地理解和接受所传递的文化与价值观。

文化创意产业通过展示艺术这一形式，成功地传播了文化与价值观。这不仅丰富了观众的文化生活，提升了他们的文化素养，还为文化的传承和发展注入了新的活力。

第四节　辽宁省文化产业发展研究现状

在全球化的推动下，辽宁省文化产业国际化步伐加快，产业规模持续壮大，文化旅游事业蒸蒸日上。同时，文化教育与人才培养机制得到深度完善，为产业发展提供了有力支撑。国际间的交流与合作日益紧密，充分展现了辽宁的文化风采与活力，为区域经济增长注入了强劲的新动力，推动辽宁文化产业迈向更加广阔的发展前景。

一、文化产业规模持续扩大

近年来，辽宁省文化产业的发展可谓日新月异，其规模的持续扩大不仅促进了经济的稳步增长，还为这片土地注入了新的生机与活力。文化产业作为新兴的支柱型产业，正以其独特的魅力和无限的潜力，引领着辽宁省的经济转型升级，成为推动区域发展的不可或缺的重要力量。随着文化产业增加值在 GDP 中的占比逐年攀升，其对于辽宁省经济结构优化的重要性日益显现。传统的经济增长方式，在科技的飞速进步和人们消费观念的深刻转变面前，显得捉襟见肘，难以满足现代社会的多元化需求。而文化产业，恰如一股清新的风，以其独特的创意性、高附加值和广泛的渗透性，为经济发展指明了新的方向。

沈阳铁西红梅文创园是文化产业变革的生动写照，展现了一个充满活力和创新力的文化创意集群。该园区汇聚了众多文化创意企业，这些企业在园区内共同成长，相互激励，形成了一个集创新、研发、制作、推广于一体的文化产业高地。在政府政策的大力扶持下，园区内资源实现了高效共享，企业间的紧密合作进一步催生了强大的产业集聚效应，为辽宁省文化产业的整体发展注入了强劲的动力。

在沈阳铁西红梅文创园这个多元文化创意集群中，企业间的合作与交流日益频繁，跨界合作成为常态。这种跨界的合作与交流，不仅推动了文化产业的创新步伐，还极大地丰富了文化产业的内涵，提升了辽宁省文化产业在国际舞台上的话语权和影响力。值得注意的是，该园区不仅吸引了众多国内文化企业的入驻，更积极引进国际知名文化机构和顶尖人才。这种国际化的视野和创新活力，无疑为文化产业的发展注入了更为强劲的动力。通过国际化的交流与合作，园区内的文化企业得以借鉴全球先进经验，提升自身竞争力，并推动辽宁省文化产业在全球范围内的影响力和市场份额。沈阳铁西红梅文创园作为辽宁省文化产业发展的重要平台，通过政策支持、资源整合和国际化发展战略，成功打造了一个高效的文化创意产业生态系统。这个系统不仅为本地文化企业提供了发展壮大的机会，也为国际文化交流搭建了桥梁，促进了多元文化的融合与创新。通过这种模式，辽宁省的文化产业在国内外市场上都取得了显著的成就，成为文化产业发展的典范。

辽宁省在文化产业的发展战略中，注重内部资源的挖掘与整合，同时积极推动与科技、旅游等相关产业的深度融合。这种跨界融合打破了行业间的壁垒，实现了资源的优化配置和高效利用，成功打造了一系列具有影响力的文化品牌。这些品牌如同一张张亮丽的名片，展示了辽宁省文化产业的实力和魅力，进一步提升了文化产业的附加值和市场竞争力。文化产业的蓬勃发展不仅为辽宁省带来了可观的经济效益，还在无形中丰富了人们的精神文化生活，提高了社会整体的文化素养。人们在享受文化产品的过程中，潜移默化地受到了文化的熏陶和感染，这种深层次的影响是任何物质财富都无法比拟的。此外，文化产业的发展还推动了相关产业链的完善与升级。从内容创作到生产制造，再到市场推广，辽宁省的文化产业链日益完整，环环相扣，为文化产业的长远发展奠定了坚实的基础。这一变化不仅体现在产业链的延伸和拓展上，更体现在产业链的优化和升级上。每一个环节都在不断地创新和完善，以适应市场的变化和需求的发展。值得一提的是，文化产业的发展为当地居民提供了更多的就业机会和创业空间。随着文化产业的不断壮大，越来越多的年轻人选择投身其中，用智慧和才华为文化产业注入新的活力和创意。这种良性的互动和循环，不仅促进了社会的稳定和繁荣，更为辽宁省的文化产业发展提供了源源不断的人才支撑。

辽宁省文化产业的发展路径体现了社会学中的多维度互动理论，通过多产业的协同发展，实现了资源的最大化利用和效益的提升。在这种模式下，文化产业不仅作为经济增长点，还作为社会文化建设的重要组成部分，促进了社会各阶层的文化参与和文化认同。同时，通过与科技和旅游等产业的深度融合，文化产业得以跨越传统发展模式的局限，进入一个更为广阔的创新空间。辽宁省的经验表明，文化产业的发展不仅需要政策支持和市场驱动，还需要社会各界的共同努力和积极参与，才能实现真正意义上的可持续发展。

二、文化旅游产业蓬勃发展

辽宁省，这片历史悠久的土地，承载着无数珍贵的文化遗产和迷人的自然景观。近年来，该省充分利用这些天赋资源，大力发展文化旅游产业，为经济增长注入了强劲动力，同时也为游客提供了难以忘怀的旅游经历。

大连发现王国主题公园就是辽宁省文化旅游产业中的一大亮点。这个融合了娱乐、艺术表演、科学普及以及文化教育等多重功能的主题公园，自开业以来便广受游客欢迎。园内的各种惊险游乐项目、精彩的演艺节目以及寓教于乐的科普展览，共同营造了一个充满活力和趣味的旅游环境。每逢节假日或周末，公园内总是游人如织，欢声笑语不断，它已成为大连市和辽宁省的标志性旅游景点。

当然，辽宁省的文化旅游资源丰富多彩，远不止这一个亮点。从沈阳故宫、北陵公园，到鞍山千山风景区，再到丹东鸭绿江断桥，每一处都承载着深厚的历史文化，每一处都吸引着游客驻足观赏。这些景点不仅展示了辽宁的历史底蕴和自然美景，更让游客深刻体验到这片土地所独有的文化魅力。

为了进一步提升文化旅游产业的品质，辽宁省在多个方面进行了积极探索。一方面，该省深入挖掘和整理历史文化资源，推出了一系列富有地方特色的文化旅游产品。比如：以满族文化为主题的旅游路线，让游客能够亲身感受满族的独特民俗和历史传承；以工业遗址为特色的旅游项目，则引领游客重温辽宁老工业基地的昔日辉煌。这些特色旅游产品为游客提供了更加多样化的旅游选择，也为文化旅游产业的发展带来了新的活力。另一方面，辽宁省也致力于提升旅游服务的质量和水平。通过加强对旅游从业人员的培训和管理，他们的专业素养和服务意识得到了显著提高。同时，该省还不断完善旅游设施和服务体系，旨在为游客提供更加便捷、舒适的旅游环境。这些努力有效地提升了辽宁省文化旅游产业的整体竞争力，吸引了更多游客前来探访。

文化旅游产业的蓬勃发展也为辽宁省的经济带来了显著的推动作用。旅游业的繁荣不仅拉动了酒店、餐饮、交通等相关行业的发展，还为当地居民创造了大量的就业机会。同时，文化旅游产业的快速发展也促进了辽宁省与国内外其他地区的交流与合作，为整个区域的经济增长注入了新的动力。

辽宁省在推动文化旅游产业发展的过程中，始终注重历史文化资源的保护与传承。该省通过制定科学合理的旅游开发策略，确保在促进经济发展的同时，不损害历史文化遗址和自然景观的原始风貌。这种可持续发展的理念不仅让游客能够领略到原汁原味的历史文化和自然风光，更为子孙后代保留了珍贵的文化遗产。

三、文化教育与人才培养体系的完善

随着文化产业的迅猛崛起，辽宁省对文化教育和人才培养的关注度日益加强。文化产业，这一融合了艺术、创意、科技等多个领域的综合产业，正逐渐显露出它对多元化和专业化人才的渴求。为满足这一迫切需求，辽宁省在文化教育领域进行了深入而全面的改革与创新。

在基础教育层面，辽宁省就展现出对艺术素养和创新能力的高度重视。省内各大学校纷纷开设艺术课程，从绘画、音乐到舞蹈，无一不包括。这些课程不仅让学生们在繁重的学业中找到了放松和表达的出口，更重要的是，它们在潜移默化中激发了学生的艺术兴趣和创造力。艺术实践活动的丰富多样，如校园艺术节、画展、音乐会等，更是为学生们提供了展示自我、锻炼能力的宝贵平台。进入高等教育阶段，辽宁省对艺术教育和文化创意产业管

理的重视更是提升到了一个新的高度。省内众多高等院校纷纷响应，开设与文化产业紧密相关的专业。艺术设计、文化传播、文化产业管理等课程应运而生，旨在培养具备高度专业素养和创新能力的文化产业精英。而这些高校与企业的紧密合作，更是为学生们提供了理论与实践相结合的绝佳机会。产学研用一体化的培养模式，不仅让学生们在校期间就能积累丰富的实践经验，更为他们未来的职业生涯铺设了坚实的基石。

学历教育固然重要，但辽宁省并未止步于此。文化人才的培训和交流活动也成为省内文化教育的重要组成部分。这些培训活动深入文化产业的各个细分领域，邀请国内外顶尖的专家学者进行授课，为从业人员提供了与大师面对面的学习机会。实地考察、案例分析等创新的教学方式，更是让学员们能够身临其境地感受文化产业的魅力与挑战。这样的培训体系，不仅提升了文化产业从业人员的专业素养，更为整个行业的发展注入了源源不断的创新活力。当然，人才的培养和引进是相辅相成的。辽宁省深知这一点，因此在吸引国内外优秀文化产业人才方面也不遗余力。通过制定一系列优惠政策，如提供优厚的待遇、给予创新创业支持等，辽宁省成功吸引了大批文化产业精英前来投身这片热土。与此同时，本土人才的培养也得到了同等的重视。鼓励本土人才走出国门，到国际知名的文化产业机构进行深造和交流，不仅拓宽了他们的国际视野，更为辽宁省的文化产业发展带回了宝贵的经验和资源。

在资金投入方面，辽宁省也展现出了对文化教育与人才培养的坚定决心。政府不仅加大了对文化教育的财政支持力度，还积极引导和鼓励社会资本进入教育领域。这种多元化的资金投入机制，为文化教育与文化产业的深度融合提供了有力的物质保障。从政策支持到项目建设，再到资金投入，辽宁省在文化教育与人才培养方面的全方位投入，无疑为文化产业的持续繁荣和发展奠定了坚实的基础。

四、文化交流与合作的国际化趋势

在全球化的浪潮下，世界各地的文化交流日益频繁，文化合作成为国际关系中的重要组成部分。辽宁省，作为中国东北地区的重要省份，也紧跟这一时代潮流，积极推动文化交流与合作的国际化进程，不仅展示了自身的文化特色和魅力，还通过与世界各国的深入合作，为文化产业带来了新的发展机遇。

辽宁省通过举办各种国际文化活动，如国际文化节、艺术展览、文化论坛等，向世界展示了自己的文化底蕴。这些活动吸引了来自世界各地的文化爱好者、学者、艺术家等，他们在这里交流思想、分享经验，共同探讨文化发展的未来。特别是国际文化节，已经成为辽宁省的一张文化名片，每年都吸引了大量的国内外游客前来参观。在艺术节上，观众可以欣赏到来自不同国家和地区的艺术作品，感受到世界文化的多样性。

除了举办文化活动，辽宁省还积极参与国际文化合作项目，与国外的文化机构和企业建立了广泛的合作关系。这些合作项目涵盖了文化产业的多个领域，如影视制作、艺术品交流、文化创意产品开发等。通过这些合作，辽宁省的文化企业和个人不仅获得了更多的资源和市场机会，还学习了国外的先进经验和技术，提升了自身的竞争力。

在国际化的交流与合作中，辽宁省还特别注重与"一带一路"沿线国家的文化往来。通过与这些国家的文化交流，辽宁省不仅增进了与它们的友谊，还为文化产业的发展开拓了新的空间。特别是在文化旅游方面，辽宁省与多个沿线国家签订了旅游合作协议，推动了双方旅游资源的共享和旅游市场的互动。同时，辽宁省还充分利用其在地理位置上的优势，与东北亚地区的俄罗斯、韩国、日本等国家进行了深入的文化交流与合作。这些交流与合作不仅促进了地区间的文化融合，还为辽宁省的文化产业带来了新的发展机遇。特别是与韩国的文化交流，双方在影视制作、音乐创作等领域有着广泛的合作，共同推动了文化产业的发展。

值得一提的是，辽宁省在推动文化交流与合作的过程中，还注重保护自身的文化特色和传统。在与世界各地的文化交流中，辽宁省始终坚持"引进来"与"走出去"相结合的战略，既学习借鉴国外的先进文化，又积极推广自身的文化特色。这种平衡的做法不仅保护了辽宁省的文化传统，还增强了其在国际舞台上的文化影响力。此外，辽宁省还通过国际化的交流与合作，推动了文化产业的技术创新和产业升级。在与国外的合作中，辽宁省的文化企业学习了先进的技术和管理经验，提升了自身的创新能力。同时，通过与国外的文化交流，辽宁省的文化产业也获得了更多的市场机会和发展空间。

辽宁省积极推动文化交流与合作的国际化进程，不仅展示了自身的文化特色和魅力，还通过与世界各国的深入合作，为文化产业带来了新的发展机遇。这种国际化的交流与合作已经成为辽宁省文化产业发展的重要推动力，为其在国际舞台上赢得了更多的声誉和影响力。

第二章　辽宁省文化资源分析

辽宁省，坐落于中国东北地带，不仅地理位置显著，亦为一个具备深远历史渊源及厚重文化底蕴之省份。其文化遗产丰富，涵盖自古代遗址、建筑至民俗风情、传统工艺等众多领域，共同构筑了辽宁特有的人文景观及文化生态。辽宁作为众多古代民族与文化的汇聚之地，拥有诸多历史古迹与文化遗存。这些传统文化遗产不仅在国内受到赞誉，亦受到国际社会的高度珍视。

辽宁省之文化底蕴与人文生态环境的构成，是历史累积与近年来文化保护与振兴工作共同效力的成果。辽宁在文化遗产保护与发展方面所做出的努力，对于其历史遗产的保全、传承以及全球文化多样性的增进贡献甚丰。本地的历史遗迹、非物质文化遗产以及传统手工艺术，每一处、每一项都诉说着独一无二的历史故事，影射出辽宁乃至整个东北地区在悠长历史进程中的演变与发展。对于那些热衷于文化、历史及艺术的探索者而言，辽宁无疑是一片值得深入探寻的瑰宝之地。无论是游览如沈阳故宫这样的世界文化遗产、体验传统民俗活动，还是赏识手工艺人的精湛技艺，辽宁均能提供一个深度与广度兼备的文化探索之旅。随着辽宁在文化遗产保护与利用方面持续取得新成就，这一拥有深厚文化底蕴的省份将在全球文化版图上占据更为显著的地位。

第一节　"六地"文化资源

辽宁省的"六地"遗产体现了辽宁省丰富的红色文化遗产，包括雷锋精神诞生地、共和国工业基石地区、解放战争关键转折点、抗美援朝部队出发地、新中国国歌创作素材来源地以及抗日战争发端地。这些地点不仅作为历史上的重要地标，亦是传承与弘扬红色文化、培养社会主义核心价值观的珍贵资产。在新时代的进程中，辽宁省承载着全面复兴的重大任务，利用"六地"红色文化资产作为精神象征和遗产基因，持续推进对这些宝贵遗产的研究与运用。辽宁省积极响应新时代东北全面振兴的政策导向，志在成为老工业基地转型升级的先行者、东北振兴的先锋及社会主义现代化建设的战略支柱。通过准确界定新时代"六地"红色文化遗产的战略地位，辽宁省旨在进一步明晰其特色与使命，推进高质量经济发展，加大科技创新力度，优化产业布局，维护和利用文化遗产，促进绿色可持续发展，加强国际合作与交流，从而在构建新发展格局的大背景下发挥核心作用，为全面建成社会主义现代化强国贡献辽宁智慧与力量。

一、辽宁"六地"红色文化的提出

辽宁的红色文化遗产深刻地记载了在中国共产党领导下辽宁人民在抗日战争、解放战争及抗美援朝战争中取得的辉煌成就。这些成就不仅为新中国的成立及发展奠定了坚实基础，而且通过杨靖宇、黄继光、雷锋等英雄人物的英勇事迹，留下了极为丰富且珍贵的文化财富。辽宁"六地"红色文化遗产的综合整理和深入挖掘，比如"九·一八"历史博物馆、东北抗联史实陈列馆、辽沈战役纪念馆、抗美援朝纪念馆、雷锋纪念馆和中国工业博物馆等重要纪念地点，以及北大营旧址陈列馆、中共满洲省委旧址纪念馆、鸭绿江断桥、抗联秘密营地遗址等历史遗迹，彰显了辽宁在关键历史时期的决定性角色。此外，包括《风云儿女》《咱们工人有力量》《血盟救国军军歌》和《义勇军誓词歌》在内的文艺作品以及众多红色档案，不仅进一步丰富了辽宁"六地"红色文化的内容，也为研究中国近现代史、传承红色基因、弘扬爱国主义精神提供了不可估量的资源。这些明显的红色文化遗产构成了辽宁在不同历史阶段人民奋斗历程的生动记录，为当前的研究与教育活动提供了坚实的史实依据，并且成为激励当代社会继续前行的重要精神资产。

二、辽宁"六地"红色文化资源概况

(一) 雷锋精神发祥地

雷锋纪念馆,坐落于抚顺市,紧邻雷锋生前所属部队的驻扎地,已成为研究、陈列及宣传雷锋精神的核心场所。雷锋精神,被视为中国共产党精神谱系中的一项重要标杆,以雷锋的姓名命名,体现了雷锋个人所展现的杰出革命精神。该精神的本质在于不断地助人为乐,尤其在困难时刻伸出援手,其不断的实践与发展,彰显了共产党人全心全意服务人民的崇高品德。辽宁,作为雷锋的精神故乡,见证了雷锋将其全部青春和热血无私奉献于这片土地。他对人民的服务、乐于助人的精神、艰苦奋斗的态度以及乐观的奉献精神,共同构成了所谓的"雷锋精神",这种精神已成为后续几代青年的成长楷模。雷锋精神不仅对他生活与工作的抚顺地区产生了深远影响,也触及了鞍山、营口、辽阳、铁岭等地,这些地区纷纷建设了雷锋纪念设施,抚顺更是成立了雷锋学院,成为红色文化传承的重要基地。雷锋精神集中体现了中华民族的深厚文化传统与革命文化,展现了民族深沉的文化底蕴及革命精神。这种精神的传承不受时间地点限制,而是永久铭记并世代相传。在当代社会,雷锋精神依旧作为鼓励人们奉献社会、服务人群的强大力量,成为我们学习与生活中不可或缺的精神指导。通过雷锋纪念馆及相关的文化教育活动,雷锋精神将持续在我们心中生根发芽,激励着一代又一代中华儿女为实现中华民族伟大复兴的中国梦而不断努力。

(二) 共和国工业莫基地

中国工业博物馆位于沈阳市铁西区,承担着展现我国从中华人民共和国成立之初工业基础薄弱至逐步构建完整现代化工业体系的辉煌历程的重大使命。作为沈阳市具有显著特色与影响力的文化机构之一,该馆不仅记录了自中华人民共和国成立初期以来中国工业化进程的重大成就,也体现了辽宁省在我国工业发展史上的独特地位与贡献。辽宁,尤其在新中国成立之际,凭借其作为最早解放地区之一继承的日本遗留工业基础与技术,迅速成为当时全国领先的工业化区域。这一地位为国家工业恢复与发展做出了卓越贡献,并因此被尊称为"共和国工业长子"、获得"共和国工业奠基地"的荣誉称号。在中国工业化历程中，辽宁创造了众多的"全国之最"，包括但不限于首台造纸机、首台拖拉机、首架歼击机、首艘万吨级巨轮。这些成就充分展示了辽宁人民在构筑新中国工业体系中所做出的辛勤努力与巨大贡献。沈阳的中国工业博物馆、鞍山的鞍钢集团、本溪的本钢集团等，皆是辽宁省在国家工业建设中贡献的重要象征，被誉为"共和国的功勋企业"。为传承和弘扬辽宁人民在工业发展历程中显现的杰出"长子精神"，后代需在新的时代背景下，为振兴东北经济及重塑辽宁昔日工业辉煌不断奋斗。这既是对历史的敬畏与传承，也体现了对未来发展的责任感与使命感。通过深入学习中国工业发展的历史经验，结合当代发展需求，辽宁有望再度在国家工业及科技进步中扮演引领角色，为推进中国现代化建设贡献重要力量。

（三）解放战争转折地

辽沈战役纪念馆深入地梳理并展示了东北解放战争中的关键阶段——辽沈战役的历史经过，这一决定性胜利不仅实现了东北地区的全面解放，而且显著提升了中国人民解放军的士气，成为解放战争胜利的转折点。在辽沈战役前夕，国共双方的军力存在显著差异，中国共产党领导的军队在战略上采取防守态势。然而，辽沈战役的胜利不仅验证了毛泽东的军事指导原则的准确性，也为随后的淮海战役及平津战役奠定了坚实基础。辽宁省，作为解放战争的关键转折点，承载了辽宁人民在解放战争中展现的强烈使命感与责任感。辽宁人民积极投身解放事业，不仅积极参军支援前线，还在生产劳动中为军队提供后勤支持。特别是塔山阻击战中形成的"顾全大局、严守纪律、勇于牺牲、敢打必胜"的塔山精神，成为整个解放战争中的标杆。这一坚韧不拔、勇往直前的精神是辽宁"六地"红色文化的核心部分。锦州的辽沈战役纪念馆与营口的解放斗争纪念馆作为红色文化传承的重要平台，为广大民众特别是年青一代提供了深刻学习和体验解放战争精神的珍贵资源。参观学习不仅加深了对辽沈战役及解放战争重大历史意义的理解，也促进了对"听党指挥、绝对忠诚"红色基因的继承与弘扬，激发了当代青年为实现中华民族伟大复兴而贡献力量的热情。这种传承与学习不仅重塑了辽宁"六地"红色文化的认识框架，也加深了社会对辽宁人民在解放战争中英勇奋斗精神的认同与尊重。

（四）抗美援朝出征地

抗美援朝纪念馆坐落于丹东市鸭绿江畔，全面展现了中国人民抗美援朝战争的历史全貌。该纪念馆不仅翔实地记录了战争的艰辛进程，还深刻反映了革命先驱们的英勇顽强和奉献精神。中华人民共和国成立后不久，面临着美国领导的联合国军在朝鲜半岛发起的侵略战争，中央政府决策派遣中国人民志愿军协助朝鲜抗击侵略，并最终促成《朝鲜停战协定》的签订，取得了战争的胜利。辽宁省，尤其是丹东市，因其地理位置的特殊性，成为中国人民志愿军支援朝鲜的重要门户。辽宁不仅作为志愿军的出发基地，还承担了大量的后勤保障和伤员救治任务，成为战争后方的关键支点。辽宁人民在战争期间展现出的爱国热情和实际行动，为抗美援朝战争的胜利贡献了巨大力量。为纪念抗美援朝战争的伟大胜利和缅怀那段历史，丹东市建立了包括抗美援朝纪念馆、河口断桥遗址、上河口火车站遗址在内的一系列红色文化基地。这些建筑不仅是历史的见证，也是传递和弘扬抗美援朝精神的教育场所，使我们能够不断回顾先辈们为国家和平所做出的贡献与牺牲，重温那段艰苦而光荣的往事。抗美援朝纪念馆通过展示丰富的历史资料、战争遗物和多媒体互动体验，生动地再现了战争的残酷和中国人民的英勇抗争。这些红色文化遗址不仅作为历史教育的重要资源，更是当前一代青年深入领悟抗美援朝精神时代内涵的重要途径。通过参访这些红色文化遗址，年青一代能够深刻理解和感受到抗美援朝精神的伟大意义，从而激发自身为中华民族伟大复兴贡献力量的决心和信心。这种历史与现实的联结，不仅在文化教育中起到重要作用，还在社会层面上强化了国家认同和民族团结。这些红色文化基地的建设与维护，展示了社会对历史记忆的重视和对英雄精神的传承，通过历史与现实的对话，激励人们在新时代继续发扬爱国主义精神，推动社会进步和国家发展。

（五）新中国国歌素材地

位于本溪市的东北抗日义勇军纪念馆是一座专门展示东北抗日义勇军抗

击日本侵略者艰苦斗争历史的场馆。该纪念馆不仅翔实地记录了义勇军在抗日战争中的英勇事迹，还旨在深化人们的爱国情感，激发社会的历史记忆和民族自豪感。《义勇军进行曲》作为中华人民共和国的国歌，其创作背景深深植根于辽宁这片英雄的土地，直接聚焦于东北抗日义勇军的不朽事迹。1935 年，田汉作词、聂耳作曲，创作了这首震撼人心的歌曲，原为电影《风云儿女》的主题曲。两位作者深入辽宁，亲身接触和了解了东北义勇军的斗争生活，甚至前往前线，目睹了义勇军的英勇战斗，这些经历为《义勇军进行曲》的创作提供了丰富的素材和灵感。当地广为传唱的不同版本的义勇军军歌，以及《告武装同志书》中的誓词，极大地激发了田汉和聂耳的创作热情，最终促成了《义勇军进行曲》的诞生。因此，辽宁被誉为"新中国国歌素材地"。本溪市桓仁地区的东北抗日义勇军纪念馆不仅是纪念抗日英雄们的场所，也是对《义勇军进行曲》创作历程的致敬。通过参观这个纪念馆，人们不仅可以深入了解新中国国歌背后的历史故事，还能够感受到那段艰苦岁月中蕴含的深沉爱国精神。这种精神贯穿了整个抗战时期，成为激励中国人民抗击外侮、争取民族独立和人民解放的强大动力。纪念馆通过展示大量的历史文物、照片和文献资料，生动地再现了抗日义勇军的英勇斗争和革命精神。此外，多媒体互动展示和现场讲解进一步丰富了观众的参观体验，使人们在感受历史氛围的同时，获得深刻的情感共鸣和思想启迪。东北抗日义勇军纪念馆作为红色文化教育的重要基地，承担着传承和弘扬爱国主义精神的重要职责。其存在不仅有助于增强公众的历史意识和民族认同感，还通过不断的教育和宣传，使爱国精神在新时代得以延续和发扬。这种历史与现实的联结，体现了社会学中对集体记忆和社会认同的重视，通过对历史的再现和纪念，激励当代人继承先辈的精神遗产，推动社会的进步与发展。

（六）抗日战争起始地

"九·一八"历史博物馆是反映九一八事变及其后东北殖民统治历史的重要场所。通过丰富的展示手段，该博物馆为国耻教育、革命传统教育和爱国主义教育提供了宝贵资源。1931 年 9 月 18 日，沈阳发生的九一八事变不仅震惊了世界，也开启了中华民族抗击日本侵略、争取民族解放的艰苦斗争。在中国共产党的领导下，中国人民经过 14 年的浴血奋战，最终取得了抗日战争的伟大胜利，捍卫了国家的领土完整和民族尊严。作为抗日战争的发源地之一，辽宁最先响应抗击日本侵略者的号召，组织起人民群众的武装抵抗。特别是在九一八事变爆发后，中国共产党迅速组织并领导了东北抗日联军，与日寇进行了不屈不挠的斗争。尽管在武器装备上存在巨大差距，东北抗联以坚定的意志和誓死卫国的英雄气概，给予日本侵略者严重打击，涌现出杨靖宇、赵一曼、赵尚志等无数抗日英雄，形成了与抗战精神一脉相承的东北抗联精神。为了缅怀那些为国家独立和人民自由牺牲的英雄们，辽宁省建立了"九·一八"历史博物馆、抗日义勇军纪念馆等设施，通过这些设施向公众展示了辽宁在抗日战争中所做出的巨大贡献和无上牺牲。这些纪念场所不仅是历史的见证，也是教育后人、传承红色文化和爱国主义精神的重要平台，确保辽宁作为抗日战争起始地的历史地位和贡献被永久铭记。博物馆通过展示大量的历史文物、照片和文献资料，生动再现了九一八事变及其后续的抗日斗争历程，使参观者能够直观感受到那段历史的厚重与悲壮。参观这些纪念场所的过程，不仅是对历史的回顾，更是对革命精神的再学习。后辈们能够通过这些历史教育基地，深刻理解抗战精神的时代价值，继承和发扬那种不畏强敌、坚韧不拔的精神。在当今社会，通过这种方式的教育，能够激发人们的爱国情怀，增强民族认同感和历史责任感，为实现中华民族伟大复兴的中国梦贡献力量。"九·一八"历史博物馆不仅是历史记忆的保存者，也是社会文化教育的积极参与者，通过传递历史真相和革命精神，持续影响着一代又一代中国人，确保抗战精神在新时代继续发扬光大。

"六地"遗产不仅体现了辽宁省丰富的历史和文化资源，也是中国红色文化教育的重要基地，对于研究中国近现代史、培育和弘扬爱国主义精神具有重要的意义和价值。这些文化遗产凝结了辽宁人民在不同历史时期的斗争精神和英雄气概，是辽宁独特的精神标识和宝贵的传承基因。辽宁省的"六地"遗产作为红色文化教育的重要基地，具有重要的历史、社会和学术价值。这些遗产不仅是辽宁人民斗争精神和英雄气概的象征，也是中国近现代史的重要见证。通过对这些遗产的保护和利用，可以有效地培育和弘扬爱国主义精神，增强社会的文化认同和历史责任感，为实现中华民族伟大复兴提供强大的精神动力和文化支撑。

第二节　红色文化资源

辽宁省，这片曾经沐浴过革命血雨的土地，孕育了丰富的红色文化资源。这些资源不仅见证了中国共产党和辽宁人民携手奋斗的历史篇章，也展示了辽宁在中国革命和社会主义建设中的独特地位和贡献。辽宁的红色文化资源，涵盖了抗日战争、解放战争、抗美援朝战争以及新中国建设时期的重大历史时刻，展现了辽宁人民的英雄主义和牺牲精神。

一、红色文化遗产内容丰富

辽宁省的红色文化，从广义来看，是中国共产党引领辽宁各民族人民，在辽宁这片广阔土地上，通过党百年奋斗史淬炼而成的独具地域特色的红色物质与精神文化。这一文化遗产不仅代表了中国共产党人与辽宁人民紧密相连的革命共识、崇高理想及精神品质，也凸显了辽宁作为抗日战争先发地和解放战争关键地的独特历史地位及其留下的红色文化史实的深厚底蕴。从狭义来看，是特指辽宁作为抗日战争最早爆发地、解放战争转折地记录的党同人民群众一起投身革命的艰辛历程，以及在革命历程中为辽宁留下的卷帙浩繁的红色史实资料。辽宁的红色文化继承了其在中国近现代史中独特的地位和角色，从早期的革命火种传播、中共满洲省委的建立，到抗日战争、解放战争乃至抗美援朝战争的历史节点，辽宁与中国共产党的命运紧密相连，共同经历了艰苦卓绝的革命历程。这段历史既是充满挑战与艰辛的斗争史，也是辽宁人民展现出英雄主义精神和无私奉献与牺牲精神的历史见证。据统计，辽宁省目前拥有782项红色文化资源，涵盖重大历史事件、革命机构旧址、革命人物活动纪念地、烈士陵园以及多种纪念性设施等，这些遗产资源分布于全省各地，构成了辽宁乃至全国不可或缺的文化资产。特别是如

"九·一八"历史博物馆、中国工业博物馆、中共满洲省委旧址纪念馆、东北抗联史实陈列馆和东北抗日义勇军纪念馆等标志性遗址，成为辽宁红色文化的重要象征。

辽宁的红色文化遗产，作为一种独特的文化力量和精神财富，在新时代背景下，将继续发挥其独特的作用。通过对这些红色文化资源的进一步保护和研究，辽宁的红色文化不仅将成为推动社会主义文化繁荣发展的重要动力，更将激励着辽宁乃至全国人民为实现中华民族伟大复兴的中国梦而不懈奋斗。

二、底蕴深厚的红色文化

辽宁省的红色文化遗产，作为中华人民共和国成立以前各时期革命活动的实物与非实物证据的汇聚地，在全国范围内占据着不可忽视的重要地位。这些遗产涵盖了诸多历史时期的重要事件与机构遗址、杰出人物活动纪念地、故居、烈士陵墓以及多样化的纪念设施等，遍及辽宁各市区，构建了一个全面的红色文化遗产网络。这些红色文化资源不仅构成了辽宁省及全国的珍贵文化资产，更直观地体现了中国共产党领导下辽宁人民在不同历史阶段的奋斗轨迹。特别是在九一八事变后，辽宁成为最早兴起广泛抗日武装斗争活动的地区之一。在这一历史阶段，无数的革命先驱为了辽宁以至整个东北地区的解放，乃至新中国的诞生，献出了宝贵生命，留下了不朽的功绩。辽宁儿女继承和发扬了反侵略斗争的光荣传统，因此辽宁的红色历史跨度悠长，孕育了众多杰出的革命人物。辽宁省内众多的国家级和省级爱国主义教育示范基地，在继承红色基因、弘扬爱国主义精神方面扮演着极为关键的角色。通过展现真实的历史事件和人物事迹，辽宁的红色文化资源深刻影响并启发了广大群众。如"九·一八"历史博物馆客观反映了日本侵略者的暴行；鸭绿江断桥遗址重现了抗美援朝战争中中国人民志愿军的英雄形象；中国工业博物馆展现了新中国成立初期辽宁在国家工业发展中的突出贡献；中共满洲省委旧址纪念馆见证了中国共产党在东北地区的革命活动及领导历史；东北抗联史实陈列馆和东北抗日义勇军纪念馆再现了辽宁人民在抗日战争中的英勇斗争。除了物质文化遗产，辽宁的红色文化资源还包括雷锋精神、劳模精神等非物质文化遗产，这些精神文化遗产在新时代继续发扬光大，激励着辽宁乃至全国人民为实现中华民族伟大复兴的中国梦而不懈努力。

第三节　历史文化资源

辽宁省自古以来便是多元文化交汇与融合的地区。自旧石器时代早期，人类在此地区已留下活动的痕迹，营口金牛山猿人遗址的发现，将辽宁地区的人类活动历史推进到了约 28 万年前，使其成为研究东亚乃至全球人类早期活动的重要地点之一。这些丰富的历史文化遗存，不仅为研究人类早期社会提供了宝贵的资料，也揭示了辽宁在中国乃至东亚地区文明起源和发展中的重要地位。

辽宁地区的文化遗产，从旧石器时代的简陋石器到新石器时代的精美彩陶，再到青铜时代和铁器时代的工艺品，展示了人类文明的逐渐成熟和复杂化。辽宁省省内分布着多处旧石器时代遗址，这些遗址中出土的生产工具和生活用品，证明了辽宁在远古时期就有人类活动的痕迹。通过对这些遗址的考古发掘，可以了解到早期人类在辽宁地区的生息和社会活动情况，展现了人类在辽宁这片土地上早期的劳动和生活场景。这一点得到了营口金牛山猿人遗址与北京周口店猿人遗址比较研究的证实。金牛山人化石及其遗址的发现，表明辽宁是中国乃至东亚地区最早的人类生活和活动场所之一。这些遗址中出土的生产工具和生活用品揭示了早期人类在辽宁地区的生息和社会活动情况，为研究人类社会从原始社会到农耕社会的演变过程提供了珍贵的实证。辽南的营口金牛山猿人遗址，是东北地区发现最早的旧石器时代遗址，距今约 28 万年。这里出土的骨骼化石，表明金牛山人不仅能直立行走，而且已经跨进直立人向早期智人进化的过渡阶段，是人类进化的罕见标本。

进入新石器时代后，人类的足迹已经遍布辽宁大地，辽宁地区的文化开始显现出更加丰富的面貌。沈阳新乐遗址和大连旅顺郭家村的考古发掘揭示了六七千年前辽宁已进入新石器时代，并展示了当时的繁荣景象。辽宁古文化的形成和发展，既与中原古文化有着内在联系，又展现出独具特色的"北方古文化"区系。汉族先人以及东胡、肃慎等民族的共同努力和开发建设，使得辽宁形成了丰富多元的文化传统。新石器时代的沈阳新乐遗址和朝阳牛河梁红山文化遗址，展现了辽宁地区的文化在更加成熟和复杂的阶段。红山文化以其独特的玉器、陶器和祭祀遗址而闻名于世，这些文化遗存不仅彰显了古代辽宁人民高超的工艺技术和丰富的想象力，也反映了当时社会的宗教信仰和审美趣味。辽宁的历史文化遗产不仅局限于物质文化遗存，还包括了丰富的非物质文化遗产，如传统的民间艺术、手工艺技术、民间传说和历史记忆等。这些非物质文化遗产是辽宁人民世代相传的文化记忆和精神财富，它们在辽宁人民的日常生活中扮演着重要的角色，同时也为研究辽宁乃至中国的社会历史和文化发展提供了宝贵的资料。

辽宁省的历史文化资源是研究中国古代文明和人类社会发展历史的宝贵财富。通过对这些遗址和文物的保护、研究和传承，不仅能够加深我们对中国古代历史和文化的认识，也能为促进文化遗产保护和文化旅游发展提供强大的动力。整体而言，辽宁省的历史文化底蕴深厚，是中国古文化的重要发源地之一。从40万到50万年前的营口金牛山猿人遗址，到新石器时代沈阳新乐遗址和朝阳牛河梁红山文化遗址的发现，辽宁地区的考古发掘不断丰富着我们对中国远古文明起源和发展的认识。

第四节　自然地貌资源

辽宁省的自然地貌资源虽然与江南的柔美风光不同，但其独特的人文景观和丰富的文化资源同样具有极高的开发价值。辽宁的地理位置和历史背景为其赋予了多样的文化遗产，包括但不限于历史遗迹、民俗文化、宗教信仰等。这些资源的独特性和多样性为文化和创意产业的发展提供了坚实的基础。

一、自然地貌与生态系统的多样性

辽宁省的地理构造呈现出北部高海拔山地与南部低海拔平原的阶梯状分布，同时东西两侧由山地和丘陵环绕，形成了中部广阔的平原地带。此一地形多样性为辽宁省赋予了丰富多变的自然景观与生态系统，包括森林、湿地、草地、水域及海洋等，具有显著的生物多样性与生态功能。千山作为辽宁省的标志性自然景观之一，其独特的地质结构和丰富的佛教文化内涵，构成了一道独特的文化与自然景观。特别是天然形成的弥勒大佛，更是展现了自然景观与宗教文化的完美融合，成为自然奇观与精神文化的双重象征。辽宁的历史文化资源同样丰富，从古代文化遗址到近现代的重要历史事件，都在这片土地上留下了深刻的印记。鸭绿江作为辽宁的重要自然资源与历史文化符号，不仅自身具有优美的自然风光，更承载着中朝两国共同的历史记忆。其中的鸭绿江断桥，作为历史与自然美景的交汇点，不仅是辽宁自然与文化景观的象征，也见证了历史的变迁与民族的记忆。辽宁的生态系统类型多样，涵盖了从森林到荒漠的广泛范畴，特别是辽东地区的林地，不仅是生物多样性的重要保护区，也扮演着调节地区气候、实施水土保持的关键角色。辽河流域及其三角洲地区，以其丰富的湿地生态系统，发挥着至关重要的生物多样性维护功能。此外，辽西北的草地生态与西部丘陵地区的水土保持功能，都是辽宁省自然地貌与生态系统多样性的体现，为地区提供了独特的生态服务与自然资源。

二、自然资源的丰富性

辽宁省的地形构造与生态系统展现了其独特的自然风貌及生态价值，孕育了丰富的自然资产与生物多样性，为推动生态文明建设及可持续发展提供了坚实的基础。辽宁省的自然资源分布广泛，涵盖森林、草地、湿地、水系及海洋等，赋予了多样化的生态服务功能。丰富的林地与森林资源不仅为多种野生动植物提供了栖息环境，也为人类社会带来了显著的生态、经济及社会效益。湿地与河流体系的广泛存在构成了生物多样性保护的关键领域，对水循环调节和水质净化等发挥着不可替代的作用。作为我国极北沿海省份，辽宁拥有长达 2110 公里的海岸线，呈现出"黄渤两海两千岸、六百海岛半百湾"的独特自然景观资源。辽宁省处于温带大陆性季风气候区，季节变化明显，属于中纬度西风带气候范畴，拥有相对丰富的日照、降水、风力及冰雪资源。各季节展示出独特的自然景观：春季的梨花盛开，夏日的绿意盎然，秋天的金色稻田和冬季的雪域风光，均为游客提供了非凡的观赏体验。

此外，辽宁省丰富的动植物资源，如白鹳、丹顶鹤等稀有物种，为自然保护区与生态旅游项目提供了宝贵的资源。这些资源不仅有助于生物多样性的保护，也为生态旅游的发展提供了重要支持。通过合理的保护和利用，辽宁省的自然资源不仅能够为生态系统提供持续的服务功能，还能为人类社会的可持续发展贡献更多的生态效益和社会价值。从社会学的视角来看，辽宁省的自然资源及其多样化的生态系统在推动生态文明建设中扮演了关键角色。这些自然资源的保护与管理不仅关系到环境的可持续性，也涉及社会的整体福祉。通过科学的规划和管理，可以实现资源的高效利用和生态系统的长久维护，进而促进社会经济的协调发展。在现代化进程中，辽宁省通过整合自然资源与旅游产业，构建了一系列生态旅游项目，使得自然景观与人文旅游相得益彰。这种发展模式不仅提升了旅游产业的附加值，还增强了公众的环保意识和生态保护责任感。生态旅游项目的成功实施，不仅展示了辽宁省丰富的自然资源和生态价值，也体现了其在生态文明建设中的积极探索和实践。

综上所述，辽宁省丰富的自然资源不仅是其生态系统的重要组成部分，也是社会经济发展的重要基础。通过科学的资源管理和生态保护措施，辽宁省在推动生态文明建设和实现可持续发展方面取得了显著成效。未来，通过进一步深化生态资源的保护与合理利用，辽宁省将继续在生态文明建设中发挥重要作用，为实现绿色发展和生态和谐贡献力量。

三、生物多样性的保护

辽宁省处于多个植物和动物地理分布区的汇聚点，因此拥有丰富的生物种类和独特的生态系统构成。此地区交错于长白山区、华北平原及蒙古高原三大植物区系，是东北、华北、蒙古—新疆三大动物地理区系的交汇处，展现出植被种类的多样性、生物资源的富集以及珍稀、濒危及地区特有物种的广泛存在。辽宁的地理位置使其成为东亚—澳大利亚迁徙路径上的一个关键节点，对于全球鸟类迁徙和繁衍具有极其重要的生态功能。辽宁的自然地形与生态资源，为生态旅游发展和环境教育提供了丰富的资源与场域。通过对生态旅游项目的开发与推广，不仅可以有效地保护和继承自然遗产，同时促进公共环境保护意识与生态文明观念的提升。辽宁的自然风光与生态体系，构筑了一座桥梁，连接人与自然、古与今的交流。从对珍贵濒危野生动植物的保护，到关键鸟类迁徙路径及繁殖地的保育，辽宁在生物多样性维护及自然保护区的设立与管理方面扮演着核心角色。这些努力不仅对全球生物多样性的保持具有关键影响，亦是辽宁生态文明构建的核心组成部分。

第五节　民族文化资源

辽宁是北方少数民族聚集人数较多的地区，少数民族数量多达 51 个，其中还有 8 个民族自治县和多个自治乡。辽宁省的文化特质，宛若一幅多元而丰富的文化画卷，呈现了从古至今辽宁地区文化的发展脉络。每一种文化形态均承载着辽宁人民的历史记忆、生活习俗及美学追求，共同构筑了辽宁独特的文化景观。

观照历史的辽宁，辽阔的地理版图仿佛一个巨大的舞台，汉、满、朝鲜、回、锡伯等民族在此地竞相登台，在相同的历史背景下，创造并演绎出各具特色的民族历史与文化。自古以来，辽宁便是多民族聚居之地，该地区人口的来源与构成呈现出多民族、多地域、多层次的特征，赋予了辽宁文化以多元文化的因素。从宏观角度观察，辽宁文化主要由中原汉族文化与境内东北土著民族文化融合而成，多民族文化的集结，多元文化的和谐共生，构成了辽宁文化的显著特征。中原移民的大量涌入，显著提升了辽宁区域内汉族人口比例，中原移民不仅引入了先进的农耕文化至辽宁，亦带来了许多新的生活方式及异质文化的"催化剂"。

一、民间文学

集体创造、口耳相传的传统，以及深植于日常生活之中的文化与艺术属性，共同勾勒出中国民间文学的基本轮廓。这一文学门类汇聚了神话、民间传说、故事、歌谣、说唱以及小戏等多种口头文学形式，各自展现独特而丰富的文化特色，共同构成了中国民间文学多彩的分支体系。在这一宽广的文化领域内，辽宁省以其悠久的历史和独特的地理位置，孕育了极为丰富的民间文学资源，成为中国故事文化的重要发源地之一。

（一）古渔雁民间故事

古渔雁民间故事是产生和流传于辽宁省盘锦市大洼县辽河口海域及其周边二界沟地带的一种地方性民间传说，其叙事基础深植于当地渔业文化之中。传说故事主要包括古渔雁始祖崇拜、海神崇拜、龙王崇拜以及"古渔雁"相关祭祀、庆典活动和渔具的起源及其演化过程等元素。该地区的渔民群体，代代相传以季节性南北迁徙的生活方式，类似候鸟，形成了独特的"渔雁群落"文化模式。这一群落历经世代的生活实践与文化积淀，塑造了盘锦海域及其沿岸地区丰富多彩且神秘莫测的"古渔雁"文化，尤其是在民间文学领域展现了其独特魅力。

"古渔雁"式的生活与活动模式，在全球范围内大多已不复存在，唯独在辽河入海口地区仍有残留，其独特性堪称是人类早期渔猎生活方式的珍贵"活化石"。2006年，"古渔雁"民间故事正式入选为国家级非物质文化遗产，彰显了其在传承与保护人类文化多样性方面的不可替代性与重要性。

（二）北票民间故事

位于辽宁省西部的北票市，是一座拥有悠久历史文化的城市，其人文遗存深厚，民间文学资源丰富，涵盖了风物传说、人物传说、幻想故事等多个领域，形成了多样化的民间文学体系。这些故事不仅包括风物传说、人物传说、幻想故事、生活故事、动植物故事、风俗故事、笑话、寓言八大类，还有丰富的民间歌谣和谚语，显示了北票市民间文学的广泛分布、悠久的流传时间和丰富的门类。特别值得一提的是，北票民间文学中的尹湛纳希故事、兰天林和李海峰的抗日英雄故事、"辽西绿岛"大黑山的传说，以及藏传佛教圣地惠宁寺的故事，这些独特的文学作品不仅丰富了北票的文化景观，也成为研究蒙汉文化交融的宝贵资料，体现了该地区民间文学在艺术风格、结构语言、典型化等方面的特色。

为了保护和传承这一文化遗产，北票市文化部门及相关机构积极编辑和出版了《土默特的歌声》《中国民间文学集成·辽宁卷·北票资料本》和《北票民间文学》等系列文集，这些文集的编辑和出版不仅对北票市民间文学的保存与研究起到了积极作用，也为后人提供了丰富的研究材料。2004年，退休干部郭丰久的个人努力进一步丰富了北票民间文学的收录和传播。北票的民间文学，特别是那些记载着北票人民在近现代革命进程中英勇斗争、体现自强不息精神面貌的作品，不仅是文化的瑰宝，也是北票人民共同的记忆和精神财富。

辽宁省其他著名民间文学：锡伯族民间故事、喀左东蒙民间故事、谭振山民间故事、满族民间故事等。辽宁省见证了众多国宝级故事家的诞生，这些故事大师不仅以其丰富的想象力和深厚的文化底蕴奠定了辽宁故事文化的基础，更为中国民间文学的宝库贡献了无数珍贵的作品。辽宁省的故事家群体在全国乃至国际上都享有较高的认同度，他们的创作和活动不仅促进了地方文化的传播，也为研究和传承中国民间文学提供了宝贵的素材。除了这些故事创作人才的涌现，辽宁省还聚集了一批长期致力于民间文学调查、采录、研究的学者。这些学者们系统地搜集和记录了大量民间文学作品，还对作品进行了深入分析和学术研究，推动了民间文学研究领域的专业化和学术化发展，成为中国文化多样性和文学创新的重要源泉。

二、传统戏剧

辽宁在历史上是多民族聚居与文化交融的地区，因此，辽宁传统戏剧汇聚了多种文化元素，展现出丰富多样的戏剧风貌。辽宁传统戏剧不仅涵盖了汉族的戏剧形式，同时也包括了各少数民族特有的戏剧艺术，共同构成了辽宁特有的戏剧文化体系。

（一）辽宁评剧

辽宁省不仅是评剧艺术的重要发源地，也是其主要流传区域。作为中国评剧艺术的奠基者之一，金开芳先生在评剧的创立、演化、扩展及兴盛阶段均深度参与，做出了卓越的贡献。金开芳先生在评剧艺术的创建过程中，亲历并推动了这一剧种从孕育到繁荣的全过程，成为初代创作者中少有的以众多存世剧作、唱腔艺术及广泛的传承影响力而著名的代表性人物。在其艺术生涯中，金开芳创造了富有创新性和独特风格的"疙瘩腔"，以及生动形象的"巧板头"、精准流畅的"嘴皮子功"和特色鲜明的"地方音"。其表演艺术风格独树一帜，被誉为评剧第一花旦、鼻祖。金开芳为评剧艺术的发展积累了丰富而宝贵的艺术遗产，赋予了评剧深远的历史价值、文化内涵、审美特质、学术研究和艺术传承以及创新潜力。

评剧艺术在 2011 年凭借其深厚的文化积淀和独特的艺术魅力，荣获第三批国家级非物质文化遗产的殊荣。这一殊荣不仅彰显了评剧艺术的重要文化地位，也凸显了其在艺术传承和创新方面的巨大潜力。从社会学的角度来看，金开芳先生的贡献不仅在于其个人艺术成就，更在于他在评剧艺术发展中的关键角色。他的创造性和独特风格不仅丰富了评剧的表现形式，也扩大了其在社会中的影响力。通过其作品和表演，金开芳塑造了评剧的艺术特质，使其在中国戏剧艺术中占据了重要的一席之地。此外，评剧作为一种地方戏剧，其发展过程也体现了地方文化与全国性文化互动的动态关系。辽宁省作为评剧的主要流传区域，通过不断的演化和传播，评剧逐渐形成了自己的独特风格和表现形式。这种文化现象不仅反映了地方文化的生命力和创造力，也展示了地方文化在全国文化格局中的重要地位。

评剧艺术的传承和发展也离不开社会的支持与认可。2011 年评剧艺术被列入国家级非物质文化遗产名录，标志着国家对这一传统艺术形式的高度重视和保护。这一举措不仅为评剧艺术的保护与传承提供了制度保障，也为其进一步发展和创新提供了广阔的平台。辽宁省在评剧艺术发展中的重要地位及金开芳先生的卓越贡献，体现了地方文化在全国文化体系中的独特价值。评剧艺术作为一种重要的文化遗产，不仅具有深厚的历史价值和文化内涵，还在当代社会中发挥着重要的文化教育和艺术创新作用。通过对评剧艺术的保护、传承和创新，辽宁省不仅弘扬了优秀传统文化，也为现代社会的文化多样性和创新提供了重要的资源和灵感。

（二）盖州皮影戏

盖州皮影戏，亦称"辽南皮影戏"，其传承范围主要集中于辽宁省盖州及其周边地区，如岫岩、海城、大石桥、瓦房店、庄河等。该剧种以其唱腔的委婉动听及鲜明的辽南民歌特色而著称，其唱词结构严谨、风格自然流畅，表演中广泛采用盖州地区的民间方言，展现了一种诙谐幽默的艺术风格。伴奏乐队配备完善，能够兼顾文武两场，主要演奏乐器为盖州地区特有的梧桐四胡，增添了独特的地方色彩。在角色分工上，盖州皮影戏涵盖了生、旦、净、髯、丑等传统行当，通过生动活泼的表演风格，充分体现了其丰富的地方特色。盖州皮影戏不仅剧目丰富，操演技巧娴熟，而且擅演历史、神话大部头剧目。《封神演义》《杨家将》等皆可连演月余，其他常演的剧目则有《杨文广征南》《罗通扫北》《樊梨花征西》《薛仁贵征东》《五峰会》《小西凉》《镇冤塔》《分龙会》《江东桥》《双魁传》《二度梅》《粉妆楼》等百余个剧目。2008 年，盖州皮影戏因其深厚的文化内涵和独特的艺术价值，被纳入第二批国家级非物质文化遗产名录，标志着其在中国传统文化艺术领域中的重要地位与价值。

辽宁省作为中国戏剧文化多样性的重要代表，拥有众多著名的传统戏剧艺术形式，其中包括海城喇叭戏、辽西木偶戏、岫岩皮影戏、锦州皮影戏、沈剧（沈阳梆子）、盘锦楚剧等。这些戏剧种类不仅在辽宁省内享有盛誉，同时在全国范围内也具有显著的地位和深远的影响力，极大地丰富了中国戏曲文化的多样性与艺术深度。

三、曲艺

辽宁省，作为中国东北地区的文化重镇，其曲艺形式丰富多样，历史源远流长。据考证，早在三百余年前，辽宁地区即盛行满族传统的太平鼓（单鼓）与八角鼓（其形态后演化为单弦乐器）。大约两百年前，东北子弟书——一种结合说唱与演奏的传统艺术形式在此地兴起。近代，尤其是百年前，沈阳及其邻近地区如大连、抚顺等，曲艺艺术形式更是百花齐放，包括但不限于评弹、弦子书、大鼓、八角鼓等。辽宁的曲艺艺术体现了地域文化的多样性和艺术形式的丰富性，也反映了社会变革对于传统艺术形式创新与发展的促进作用。这些传统曲艺形式不仅为后人提供了宝贵的文化遗产，也为现代文化艺术的创新发展提供了丰富的素材和灵感源泉。

（一）东北大鼓

东北大鼓，原称"奉天大鼓"，源于清朝晚期沈阳（奉天府）。民国十八年（1929）奉天省改称辽宁省后，又曾称作"辽宁大鼓"。其早期表演形式以单人演唱配以小三弦伴奏及腿部绑缚"节子板"作节奏击打，俗称"弦子书"。东北大鼓融汇了京剧、京韵大鼓及东北地区民歌的唱腔，其曲调丰富、唱腔流畅且表现力突出，主要通过说唱的方式，以戏曲、小说、传奇故事为主要内容，成为深受欢迎的艺术形式。

经历长期的传播与演变，东北大鼓形成了具有地域性、风俗性和人文特色的多样化流派，如20世纪中叶形成的"奉调""东城调""江北派""南城调"和"西城调"等。每个流派均有其特定的传统节目与代表性艺术家。例如：以沈阳为轴心的"奉调"以其缓慢优美的抒情唱腔著称，适合演绎《红楼梦》等叙事曲目，霍树棠等艺人为其代表；以营口、盖州、岫岩、海城为轴心的"南城调"唱腔慷慨激昂，主要演唱《三国演义》等铁马金戈类历史故事，徐香九等艺人代表该流派；以锦州为轴心的"西城调"唱腔以其哀怨低沉的唱腔适合表现《孟姜女寻夫》等悲壮故事，陈清远等为代表艺人；"东城调"和"江北派"则分别以吉林和哈尔滨松花江以北地区为活动中心，展现各自的艺术风格，代表性艺人包括任占奎、刘桐玺等。2006年5月20日，东北大鼓被中华人民共和国国务院批准列入第一批国家级非物质文化遗产名录，这一认定不仅是对东北大鼓艺术价值的肯定，也是对其在传承和发展中国传统文化中所做贡献的重要认可。

（二）盘索里

盘索里，朝鲜族传统说唱艺术，"盘索里"是朝鲜语的直译音，"盘"意思为在大庭广众下游乐，"索里"的意思是声音或歌声，是在韩国及中国东北（吉林、辽宁、黑龙江）朝鲜族聚居地区广泛流传的一种曲艺形式。源于18世纪中期朝鲜半岛南部的盘索里，于20世纪初由朝鲜半岛传入中国辽宁、吉林、黑龙江等地朝鲜族聚居区。演唱者一人在鼓手的配合下，通过歌声、说白、身体动作和作为道具的一把扇子等简单的辅助，可以出演有多种人物出场的情节复杂的大型作品。盘索里是多种艺术的综合，是能够将音乐、文学、表演、叙事融为一体的音乐形式，表演极富变化，表演者需灵活切换角色，展现出丰富的情感和故事线索。代表性传统作品包括《春香传》《沈清传》《兴夫歌》等。2011年5月23日，由辽宁省铁岭市及吉林省延边朝鲜族自治州共同申报的盘索里，被中华人民共和国国务院批准列入第三批国家级非物质文化遗产名录，这一认定是对其在传承和促进多元文化交流中作用的重要认可。

辽宁其他著名传统曲艺：乌力格尔、鞍山评书、本溪评书、陈派评书、黑山二人转等。目前，辽宁省曲艺有40多个曲种，尤以由自弹自唱的弦子书发展过来的东北大鼓和土生土长的民间歌舞演唱艺术——二人转（旧名"蹦蹦"）最为有名。此外，沈阳杂技团的杂技也闻名中外。多年来，辽宁曲艺坚持贴近实际、贴近生活、贴近群众，紧跟时代步伐，不断开拓创新，曲艺事业蓬勃发展，创作繁荣，人才辈出，名家力作不断涌现，小品、评书、相声、二人转等主要曲种都产生了全国一流的代表人物和代表作品。

四、民间音乐

辽宁省的民间音乐形态呈现出多样性与区域性特征，融汇了丰富的地方特色与民族风情。无论是从节奏的把握、旋律的构建，还是在表现形式上，辽宁的民间音乐均展现了地区音乐文化的独特性与多元性。它们不仅传递了辽宁地区悠久的历史文化传统，也反映了民间艺术在不断交流与融合中的创新与发展。这些音乐作品通过对民族历史、社会生活、自然环境等方面的艺术再现，为研究辽宁乃至东北地区的民俗文化、社会变迁提供了宝贵的实证材料。其音乐形式体现了辽宁人民乐观向上的精神风貌及创新的艺术能力，同时也影射出地区居民深厚的艺术底蕴与特有的审美趣味。这些民间音乐作品不仅构成了辽宁文化独特的组成部分，而且在中国民间艺术的广阔领域中占有不可替代的珍贵地位。

（一）复州鼓乐

复州鼓乐，作为辽南及其邻近地域广泛传承的民间传统音乐艺术形式，其历史沿革已逾四百年。该音乐艺术形式频繁出现于婚丧嫁娶、节庆典礼、文化体育竞赛等多样的社会活动之中，以其鲜明的区域文化特征及深厚的文化底蕴而备受推崇。复州鼓乐在乐器选用与演奏形式方面展现了广泛的多样性与复杂性，根据主要演奏乐器的差异，主要分为唢呐乐与笙管乐两大流派。在传承人的连续代际传递与艺术创新中，复州鼓乐在维护指法、吹奏技巧等基础演奏技艺的同时，进一步整合了"借凡""压上""一孔吹两音"及"超吹"等特殊技法，这些独特的演奏技巧不仅使得传统曲目在音色与旋律上呈现丰富多变的表现效果，亦显著提升了其艺术吸引力，令其成为广受欢迎、经久不衰的音乐表演艺术形式。

复州鼓乐的曲目结构宏大且内容丰富，传统曲目主要囊括牌子曲、汉吹、堂曲、水曲及杂曲五大类别，现存传统曲目逾六百首，代表性作品包括《梅花悲》《孟姜女》《水龙吟》等。伴随着时代的演进，复州鼓乐在承续经典曲目基础上，亦不断涌现出如双管独奏《笑语欢声》、咔戏《幸福嗑唠不完》等新创曲目，既展示了传统音乐的魅力，又彰显了艺术创新的力量。2007年，复州鼓乐因其卓越的艺术价值与文化意蕴，被纳入第二批省级非物质文化遗产代表性项目名录，这既是对复州鼓乐艺术价值的明确肯定，亦是对其在继承与发展中国传统音乐文化领域中所做出贡献的重要认可。

（二）丹东鼓乐

丹东鼓乐，亦称"鼓吹"或"吹打"，代表了一种以管乐器及打击乐器为主要演奏工具的传统音乐表演艺术。长久以来，它在辽宁省丹东地区广泛流传，并已累计超过一百年的历史沉淀，在《安东县志·婚礼》《凤城县志

·丧葬》《凤城县志·岁事》等丹东早年的各县县志中，均有记载。该音乐形式根据曲体结构的差异，可分类为堂吹曲、牌子曲及套曲三大类别。具体而言，堂吹曲亦名为"坐堂"，通常包括引子、身子、尾子三个部分，形成完整的曲式结构；牌子曲则较为简短，风格偏向活泼欢快，常被应用于喜庆之场合；套曲由多个单曲构成，呈现一种规模较大的曲式体系。丹东鼓乐以其宏伟的气势与洋溢的热情，深植于当地群众之中，成为辽宁地区文化特色的重要标志，拥有显著的历史意义与艺术价值。丹东鼓乐不仅是丹东地区民间音乐文化的重要表现形式，同时也是研究辽宁省及中国北方地区传统音乐文化的宝贵资料，对于深入了解地域文化特色、促进民族音乐艺术的传承与发展具有不可替代的作用。2008 年，丹东鼓乐因其作为辽宁省丹东地区历史悠久的民间音乐传统而被列入第二批国家级非物质文化遗产名录。

（三）阜新东蒙短调民歌

阜新东蒙短调民歌产生并流行于辽宁省西北部的阜新地区，距今已累积逾三百年的丰富历史文脉。该民歌形式在艺术表现与社会功能方面展现了显著的广泛性与深邃性，既维护了蒙古族音乐传统的辽阔与激昂之风，又融入了农耕文化的明快节奏与质朴情感，同时融汇并吸纳了原始宗教艺术的元素，体现了其淳朴清新与庄严肃穆的艺术魅力。短调民歌主要流行于蒙汉混居的半农半牧地区，多用汉语演唱，以其篇幅简短、节奏整齐、拍号固定的特点而闻名，歌词结构倾向于简练且富于叠字，展现了其自由灵动的艺术风格。从题材内容上看，这种民歌可被归纳为酒歌、婚礼歌、祭祀歌、赞颂歌、情歌等多种类型，其代表性作品包括《送亲歌》《祭火歌》《六十三》《万里》等。2008 年被纳入第二批国家级非物质文化遗产名录。这一认定不仅是对阜新东蒙短调民歌文化遗产价值的充分肯定，也标志着其在中国乃至世界传统音乐文化保护与传承中的重要地位。

辽宁其他著名传统音乐：建平十王会、复州双管乐、长海号子、千山寺庙音乐等。这些民间艺术形式，不仅丰富了辽宁的文化生活，也成为传承和发展辽宁传统文化的重要载体。它们不仅仅是艺术的展现，更是辽宁人民精神面貌和文化身份的象征。深入挖掘与研究辽宁民间音乐的艺术特质和文化价值，对于丰富中国民族音乐的艺术表现、促进文化多样性的保护与传播，以及加强民族文化自信具有不可估量的重要作用。

五、民间舞蹈

辽宁省作为中国重要的农业生产基地及满族文化的发源地，拥有着丰富多样的民间艺术形式，其中秧歌以其多元化的艺术表现格外突出。辽宁的民间舞蹈，历经漫长的发展进程，不仅融合了本土的农歌、菱歌等传统音乐形式，还吸纳了杂技和民间武术等多种技艺，使得从最初简单的演唱秧歌逐步演变成如今深受广大群众喜爱的综合性民间歌舞。这一艺术形式的发展是中华民族传统美德和集体主义精神在民间文化中的一种延续与升华，体现了辽宁民间艺术对传统价值观的坚持与传承。在国家级非物质文化遗产（非遗）的分类中，传统舞蹈类别是体现群体性活动特点最为显著的领域。这一类别涵盖了日常生活中广受欢迎的高跷、地秧歌、舞龙、舞狮等项目，它们不仅展现了辽宁地区丰富的民间艺术形式，也反映了深厚的地域文化特色和民族风情。

（一）抚顺地秧歌

辽宁秧歌，作为东北黑土地文化中的一项珍贵遗产，展现了深厚的地域特色及与东北人民日常生活的紧密联系。这种艺术形式不仅体现了东北人民朴素、真挚、热情和豪放的民族性格，而且作为辽宁地区满族文化的重要历史遗产，它拥有与其他东北秧歌独立的文化内涵与价值。特别是抚顺满族地秧歌，2006 年被认定为国家级非物质文化遗产保护项目，作为一种历史悠久，饱含浓郁民族特色、民间风格及地域特征的中华民族传统舞蹈，主要在辽宁省抚顺市地区传承。抚顺市，作为满族的重要发源地，清朝建立后，东北地区逐渐形成了稳定的社会环境，满族民间文化在原有舞蹈传统基础上，汲取了其他民族舞蹈元素，渐趋丰富多样，形成了具有独特表演形式、角色、服饰和舞动特色的满族秧歌。例如，地秧歌的服饰中融入旗标配饰，表演中融入了满族特有的礼仪动作如"打千儿礼""抱腰礼"，以及充满满族风情的动作设计，如动律"扬""蹲""盘""踩""摆""颤"等，展现了满族人民的传统生产和社会活动方式。

专家考证指出，抚顺满族地秧歌所展示的鲜明民族和地域特色，不仅具有深刻的满族文化传统价值，也为满族民间风俗提供了生动的研究素材。其内容反映了满族先民的游牧、狩猎、渔猎、战争、凯旋及祭祀等多方面的生产、生活及军事活动，成为历史记录和民族风情再现的重要载体。满族地秧歌通过其对八旗制度、兵民合一的艺术再现，展示了其独特的文化价值与历史意义。

（二）金州龙舞

金州龙舞，源远流长的民间艺术形式，起源于大连市金州区园艺村，自光绪年间始。其诞生背景与大连地区军事重地的身份密切相关，军事驻扎带动了地区文化活动的繁荣，尤其在军民联欢庆祝节日之际，金州龙舞便应运而生。金州龙舞以其独特的艺术魅力和强烈的地方文化特色，成为金州区文化生活中不可或缺的组成部分。其在地方传播过程中展现出显著的普及性和适应性，不受表演环境限制，无论是户外露天还是室内舞台，都能够自如进行，充分体现了该艺术形式的生活化、实用化和民众化特点。随着时间推移，金州龙舞的艺术影响力逐渐扩展至大连市及周边乡镇、街道，甚至辐射至沈阳、北京、山东等更广泛地区，成为辽南地区独具特色的文化符号。2008 年，金州龙舞被列入第二批国家级非物质文化遗产名录，标志着其在国家文化遗产保护领域获得了官方认可。作为一种历经 130 多年传承与演变的民间艺术，金州龙舞不仅融合了地域文化、宗教信仰和现代科技元素，更是民族精神的生动体现。其通过十代人的口耳相传与实践探索，不仅传承了龙舞本身的审美与观赏价值，更深层地反映了中华民族面对逆境仍能奋发向上、不屈不挠的强韧精神。

截至 2019 年 3 月，辽宁省被认定为省级以上的传统舞蹈类非物质文化遗产项目共达到 23 项，其中 15 项荣获国家级非物质文化遗产名录的殊荣。这些项目包括但不限于大连地区的金州龙舞、鞍山海城的高跷表演、抚顺特有的地秧歌、本溪朝鲜族社区的农乐舞（乞粒舞）、锦州地区的辽西高跷、营口盖州的高跷艺术、铁岭的朝鲜族农乐舞（面具舞）以及盘锦上口子的高跷等。这些传统舞蹈项目均以集体的艺术表现形式为主，它们在悠扬的锣鼓声伴随下，通过参演者们熟练的技巧、生动的肢体语言和幽默的面部表情，向观众展示了辽宁地区农耕文化的独有风情和魅力。

六、民间美术

辽宁地区的美术传统起源可追溯至旧石器时代晚期，当时的居民已能创作出具有初步文化内涵的原始美术品。随着时代进步，新石器时代的到来带来了美术材质与用途的多样化，同时也见证了创作水平和技术手段的显著提升。进入青铜时代和铁器时代，各民族凭借智慧与技巧，创造了众多美术作品，为辽宁地区美术历史的丰富性与民间美术的繁荣奠定了坚实基础。明清时期以来，辽宁民间美术种类日益增多，形式多样，从剪纸、花馍、泥塑、年画到服饰图样等，每一种艺术形式都深深扎根于劳动人民的日常生产和生活之中，尤其是在婚丧嫁娶、祭天求神、节日典礼等社会活动中，体现了民间美术的实用性与审美价值的和谐统一。历经数千年的发展，辽宁地区留下了丰富的美术遗产，近现代更是在本土文化的滋养和外来艺术的影响下，涌现出更多类型的民间美术形式。这些美术作品不仅在家族内部或师徒关系中得以传承，而且形成了独特的传承谱系，构筑了辽宁省独有的文化身份和艺术风格。

（一）医巫闾山满族剪纸

医巫闾山地区满族民间剪纸艺术根植于满族人深厚的原始宗教信仰和独特的民族风俗之中，展现了从自然神崇拜、始祖神崇拜到生殖繁衍崇拜等多重文化主题。在这些古老的崇拜活动中，满族人通过制造图腾形象、剪刻诸神形象或雕刻神偶等方式，体现了其对自然与神灵的敬仰与祈求。这种以制造仪式造像为核心的活动，经过长年累月的传承与发展，逐渐演变成为具有浓郁东北满族人文特征和萨满文化内涵的剪纸艺术形式。医巫闾山满族民间剪纸艺术以其内容之丰富、形态之简洁、纹样之古朴著称，反映了满族文化的精髓和艺术的独特性。它追求的不是烦琐细密的剪法和精致准确的造型，而是以博大恢宏的气度和朴拙古茂的神韵取胜，展现了满族民间艺术的独特魅力。

数百年来，这一艺术形式在医巫闾山地区的北宁市、凌海市、阜新市、义县等地代代相传，形成了丰富的艺术传承谱系。许多妇女参与到剪纸活动中，涌现出了众多技艺高超的艺人，如侯桂芝、马凤云、黄连玉、汪秀霞等，他们的作品不仅丰富了当地的文化生活，也为民族民间艺术的研究提供了珍贵的实物资料。然而，随着时间的推移和社会的变迁，老一代艺人的逐渐减少和现代生活方式的冲击，使这种古老的艺术形式面临着传承的困境，后继乏人的现象日益严重，其生存与发展面临巨大的挑战。鉴于此，迫切需要制定相应的保护策略和措施，以确保这一携带着满族文化印记、具有独特历史价值和文化价值的民间艺术能够得到有效的传承与保护，继续为丰富民族文化和促进文化多样性做出贡献。

（二）岫岩满族民间刺绣

岫岩满族民间刺绣，流行于辽宁省岫岩满族自治县，其历史可追溯至近四个世纪之前。该工艺在材料选用上偏好缎、纱、粗布等纺织品，所产出的手工艺品广泛应用于日常生活领域，涵盖了绣制服装、鞋帽以及日用小物如荷包、烟袋、腰带、钱袋、披肩、束带、枕头套、桌悬边缘布、床罩等。岫岩满族民间刺绣展示了其卓越的技巧，结合了扎绣、缎绣、割绣、补绣、包绣、编绣等多元化的刺绣技艺，并涵盖套针、抢针、乱针、长针、锁针、花针、扎针、纳针等丰富的针法技巧。这些技艺在实践中相互融合，展现出既粗犷豪放又严谨细腻的独特艺术风格。岫岩满族民间刺绣不仅深刻反映了当地满族社群的艺术创造热情与审美追求，也生动描绘了岫岩满族社会生活的风貌，对于社会学与民族学的研究具有重要价值。

（三）建筑彩绘（传统地仗彩画）

辽宁省沈阳市的传统美术，尤其是古建筑地仗（油饰）彩画技艺，已被列入国家级非物质文化遗产。这一技艺的历史可追溯至奴隶社会期间，当时奴隶主的宫殿建筑已采用朱红色彩，后世不断对此工艺进行改进和完善。到了清代，东北地区的传统彩画技艺基本成熟，形成了中国复原修缮古建筑技艺的一个独特流派。地仗技艺，使用桐油、麻、白面、血料等材料对主要的木构件表面进行处理，通过近30道工序，形成对建筑的特有保护层，不仅加固和防腐，还稳定和坚固整体结构。地仗（油饰）技艺特别强调使用自熬桐灰油与猪血的配比，依据光照条件调整施工时间，严格遵守伏天不施工的原则，并采用耐紫外线的银朱与自制桐光油等材料进行油饰，确保古代建筑的维护与修缮质量。在修复沈阳故宫等东北古建筑彩画时，技艺传承者融合了官式彩画的长处，并在用料与技法上进行创新，使得修缮后的建筑至今保持良好状态。2011年，这一卓越的技艺被正式认定为国家级非物质文化遗产，其不仅代表了东北特有的文化传统，也体现了中国传统建筑修缮技艺的精髓。长期以来，依托这些独特技艺进行修缮的古建筑，至今仍然保持着完好的状态，证明了其持久的价值与影响。

辽宁省其他民间美术，包括琥珀雕刻、岫岩玉雕、庄河剪纸、岫岩满族剪纸、建平剪纸、阜新玛瑙雕、煤精雕刻、大连核雕、锦州锡雕、新宾满族剪纸、锦州满族民间刺绣等，构成了中国民间传统文化的核心要素，体现了丰富的艺术遗产。这些艺术形式不仅累积了地域性的文化、历史、宗教、审美观念和伦理价值，而且在各级非物质文化遗产的名录中得到了显著的肯定与重视，确保了其在当代社会的持续传承和发展。辽宁省的传统美术作为中国文化遗产的重要组成部分，其不仅保存了辽宁乃至中国北方地区的文化传统，而且促进了文化的多样性与创新。随着社会的发展和科技的进步，辽宁的传统美术仍旧保持着其活力和影响力，成为连接过去与未来、传统与现代的重要桥梁。

七、传统手工技艺

传统手工技艺是指历史上传承下来的手工业技术与工艺。手工技艺与人们的衣食住行用等日常生活和社会生产劳动密切相关，既具有现实的使用价值、经济价值，又具有很高的审美价值。辽宁省的传统手工技艺，作为历史悠久的文化遗产，不仅承载着丰富的地域特色和民族风情，同时也体现了工匠们卓越的技艺与深邃的艺术创造力。这些技艺在辽宁省各族人民的日常生活和社会生产活动中占有不可替代的地位，涵盖了衣、食、住、行以及其他生活用品的制作，展现了其实用性、经济价值及深厚的审美内涵。

（一）老龙口白酒传统酿造技艺

辽宁省沈阳市老龙口白酒酿造技艺，源远流长，始于清代康熙元年（1662），由山西省太谷县酿酒商孟子敬于盛京（现沈阳市）小东门外创立的"义隆泉"（后期更名为"万隆泉"）烧锅所开启。此命名源自该地被誉为清代"龙城之口"的传说，因而得名"老龙口"。老龙口酒博物馆内收藏的国家级历史文物如石磨、酒海（储酒器皿）、老商标等11件珍品，均见证了老龙口白酒酿造艺术的漫长历史。1949年，原"万隆泉"烧锅更名为"沈阳特别市专卖局老龙口制酒厂"，1960年更改为"沈阳市老龙口酒厂"，2000年更新为"沈阳天江老龙口酿造有限公司"。老龙口地处沈阳市东北部，位于长白山余脉与辽河冲积平原的过渡地带，酒厂内部藏有名为"龙潭水"的百年古井，其水质澄清甘甜，为老龙口白酒酿造提供了极佳的自然条件。历史上，老龙口白酒主要由山西籍人士经营，经过三个多世纪的传承与发展，逐渐形成了独具特色的北方酿酒工艺。老龙口白酒的酿造工艺特点可概括为六大环节：选用优质水源和精良粮食、端午节踩曲、传统老窖发酵、甑桶蒸馏、酒海长期陈酿、精细勾兑，酿制出的白酒醇厚甘甜，香气浓郁，余味悠长。作为东北地区酿酒技艺的代表，老龙口白酒传统酿造技艺不仅是研究北方酿酒历史和技艺演变的宝贵资料，其包含的生物发酵等科技奥秘，亦具有显著的科研价值。这一传统技艺的传承和保护，不仅对于维护地域文化遗产具有重要意义，同时也为现代酿酒工业的发展提供了宝贵的技术和文化资源。

（二）松花石砚制作技艺

松花石砚，亦称松花砚，其历史可追溯至明朝时期，并于清朝时期被御封为皇家宫廷专属文房用品。该砚台由松花石加工而成，主要用途为书写与绘画时研磨墨水，在文房四宝中占有举足轻重的地位。松花石砚因其独特的材质及工艺，在清代被封为御用砚台，与端砚、歙砚、红丝砚并列为古代四大石质名砚。松花石砚的独特之处不仅体现在其选材上，区别于常见的石砚，松花石砚多以石质盒包装呈现，而非传统的木质盒或其他简单包装，此外，其专为宫廷所用，民间难得一见，显得尤为珍贵。从色彩上看，松花石砚拥有黄、白、绿、紫、黑等多种颜色，色泽鲜明，层次分明，极适于精细雕刻，反映了清代皇家对松花石砚的高度重视与专属制造，其制作过程由宫廷内务府造办处严格监督，追求无论工艺还是材质上的极致豪华。

辽宁省的其他杰出传统技艺，包括桓仁盘炕制作技术、沈阳胡魁章制笔工艺、道光廿五白酒的传统酿造方法、古建筑彩绘技法、书画装裱修复技艺及千山白酒酿造技艺等，代表了辽宁深厚的文化底蕴和技艺传承的广泛性。这些技艺不仅为非物质文化遗产领域提供了丰富多样的文化表现形式，同时也构成了中国优秀传统文化的重要组成部分，展现了技艺传承人对传统工艺的深厚理解和创新实践。在全球化和现代化的背景下，这些传统手工艺的保护和传承，不仅具有重要的文化价值和历史意义，也为文化产业的发展提供了宝贵的素材和灵感，促进了文化与经济的融合发展，展现了辽宁乃至中国文化的鲜明特色和全球影响力。

第六节　工业文化资源

辽宁省，作为我国重要的老工业基地，所拥有的工业文化资源之丰富及多元，为该地区的发展带来了独有的优势与新兴机遇。辽宁的工业遗产不仅记录了我国近现代向工业化社会的转型历程，亦承载着深邃的文化价值及创新理念。

辽宁省拥有坚实的工业基础，涵盖机器人研发、船舶建造、汽车引擎技术、核动力潜艇等技术领先的重型工业领域，这不仅展现了辽宁在工业技术领域的先进地位，也体现了其在工业进程中累积的深厚实力。钢铁、煤炭及冶金矿业等传统工业部门，不仅构成了辽宁工业发展的根基，亦是辽宁工业文化资源的重要构成。这些工业遗迹见证了辽宁乃至全国的工业化历程，内含丰富的历史、科学技术和文化价值。辽宁有望利用其丰富的工业遗存，通过工业文化的创意转换与创新应用，促进工业文化创意产品与文化博览园区的发展。这不仅能为传统工业注入新的文化内涵与商业活力，也将推动文化旅游与创意产业的兴盛。通过展现辽宁工业的历史成就，不仅能激发公众尤其是年青一代对工业文化与技术革新的热情，还可作为教育资源，提升社会对工业遗产保护和科技创新的认知与重视。

在农业生态化建设领域，辽宁省致力于推动生态农业的建设，实现了畜禽粪便的综合利用率、农作物秸秆的全面利用率、废弃农膜的回收利用率以及化肥与农药的有效利用率的显著提升，有效促进了农业生产向绿色化、高效化、可持续化方向的转变。同时，生态农产品品牌的构建亦获得显著成就，进一步增强了辽宁省农产品的品牌价值及市场竞争能力。通过持续推进工业的绿色化转型，解决并淘汰过剩产能问题，加速新兴产业的发展，辽宁省在构建工业生态化产业体系方面已取得初步成效。尤其是装备制造业、石化业、冶金业等传统产业的绿色化改造及新材料、电子信息、生物医药等新兴产业的快速发展，均标志着辽宁省正向着高质量发展方向迈进。

辽宁省在工业生态化转型、农业生态化进程的持续推动以及自然资源的保护与修复成果方面，体现了辽宁省推进绿色发展和构建生态文明的重要努力。这些成就不仅提升了辽宁省的生态环境品质，也为经济和社会的全面、协调、可持续发展奠定了坚实的基础。未来，辽宁省将继续深化供给侧结构性改革，推进生态文明建设，为辽宁乃至全国的绿色发展贡献更大力量。通过对工业文化的保护、继承与创新，辽宁省有望在新时代的背景下，展现出经济发展和文化繁荣的新局面。

第三章 辽宁省城市文化品牌形象构建

第一节 城市品牌形象系统概述

城市品牌形象的学科原理是建立在企业形象、产品品牌、市场营销、城市规划、城市管理等学科基础上的，目前还没有形成完整与系统的学科理论体系。城市形象的概念构成由城市品牌和城市形象两个概念结合而成，因此，城市品牌形象不仅仅是指城市内外受众对于城市物质环境的认知与再现，也包括了受众对于城市的自然环境、经济产业、人文历史、社会伦理等要素经过主观抽象与归纳概括后的综合评价和意向认识，也就是城市未来发展目标的一种理性与感性的印象。城市品牌形象的特征在于其整体性、个性化、广众性和可持续性，只有遵循城市品牌形象的本质特征，才能使城市的核心价值得到高度的概括和提炼，并由此形成城市鲜明的品牌个性和识别效应。

城市品牌形象的学科特点体现在以城市识别为手段，以认知为形式，通过城市的特质来塑造城市形象、打造城市品牌。城市品牌形象理念识别系统、城市品牌形象行为识别系统、城市品牌形象视觉识别系统是城市品牌形象的三大识别系统，囊括了以不同的感知维度为立足点的城市三维和二维物质形态的识别要素，以及城市的理念识别和行为识别等非物质形态的识别要素。城市品牌形象识别系统之间的关系，既体现在各子系统相互之间的逻辑关系上，同时还体现在系统要素之间的层次关系上，城市品牌形象各系统间相互依存、相互联系又相互作用，形成了层次清晰的系统逻辑关系，为城市品牌形象系统研究提供了科学的方法论。

一、城市品牌形象的概念与界定

城市品牌形象从学科组成的角度而言是以企业形象、产品品牌、市场营销为基础，又加入了城市规划、城市管理等学科综合交织的产物。从概念的角度来讲，城市品牌形象由城市品牌和城市形象两个概念结合而成，形象来源于品牌，即通过城市品牌战略来打造城市形象。现代营销之父菲利普·科特勒（Philip Kotler）在其代表作《地方营销》一书中，深刻地阐述了地方形象的设计和推广策略，把城市品牌战略与城市形象塑造有机地结合了起来。

城市品牌的主体是城市，它体现着城市的内核价值，是客观存在的。因此城市品牌不能靠凭空想象来建立，而是必须基于每个城市所客观存在的资源和文化之上。城市品牌的根本目的在于塑造、提升和传播城市形象。城市品牌展现的是城市形象中最具特色的部分，通过对城市的精准定位而形成鲜明的城市个性，使城市与其他城市区别开来，在差异性中确保城市品牌的独特性。因此，城市品牌的实质就是在城市功能精准定位的基础之上，确立城市自身的核心价值。既是城市历史传统沿革、地域文化、风土民情、市民面貌、城市标志、城市特征等要素的整合，也是城市生态环境、文化底蕴、市民精神品格、城市经济竞争力、城市价值导向等一系列城市综合性功能的体现，更承载着城市的名称、性格、声誉和历史。

城市形象则是受众接收品牌信息后产生的主观印象，这一印象取决于品牌所展现出的鲜明个性特征，也就是取决于城市品牌。而城市形象作为一个独立的系统理论的提出，很大程度上是受到了企业识别系统的影响。"品牌形象存在于消费者的心目中，并且在不断地变化，是一个动态的存在"，利维从心理学的角度提出，品牌形象是消费者对品牌的主要态度，是品牌的各要素的图形及概念的综合存在于消费者心里。

虽然城市品牌与城市形象在功能方面不尽相同，但从某种意义上讲，城市品牌与城市形象之间是一种既相互区别又相互依存、互为因果的关系，既可以通过打造城市品牌来塑造城市形象，也可以通过城市形象的塑造来打造城市品牌。单一地使用城市品牌或城市形象都会有所缺失，因此将城市品牌与形象结合起来，总称为城市品牌形象。

品牌形象是一个系统化概念的组合体，品牌主体通过整体的、科学的视觉传达设计手段，将其个性与内在精神以及文化运用符号等方式表现出来，以达到受众的识别作用。而受众通过主观感受及感知方式、感知前景等影响，在其心理上形成一个联想性的集合，形成超越品牌形象表象层面的更多关于品牌主题的理解、认知，甚至满意与追随，实现其认知的作用，产生接近一致的价值认同感与生存观。

城市品牌形象作为城市品牌与城市形象的整合，代表的是城市总体的气质和风格。城市品牌形象既是城市内在底蕴与外在形象的展现，也是城市长期沉淀起来的社会公众对它的意向认识和整体评价。城市品牌形象是一个城市的文化资本，它的实质功能是引领城市发展。城市品牌形象是以识别为手段，以认知为形式，通过对城市各类资源的挖掘、提炼与整合，塑造城市整体风格，并将城市形象指向城市品牌，通过城市品牌定位、品牌形象识别系统和品牌形象营销而形成城市鲜明的个性，积淀城市品牌核心价值，获得不可取代的城市竞争力。城市品牌形象既是一种城市发展的战略，也是城市发展的必然趋势。

二、城市品牌形象的特征

（一）整体性

整体性是指由诸多要素结合而成的有机整体的存在并发挥作用。整体性的欠缺是目前大多数城市品牌形象普遍存在的问题，由于缺乏系统建构意识，大多数的城市品牌形象都呈现点状化传播趋势，产生了覆盖面积小、传播力度不足等问题。

城市品牌形象的整体性从微观上体现在具体的设计上，要用整体的观念统一各个识别要素，从视觉上解决城市品牌形象整体性不足的问题，提升城市品牌形象统一度。而城市品牌形象系统的建设不仅仅要做到视觉识别上的统一，更加需要做到城市政府、个人、企业行为上的统一，以及城市精神上的统一。因此，城市品牌形象的整体性体现为整体调动城市资源优势、产业优势和竞争优势，从整体战略的高度出发，整体考虑资源的合理配置与利用。

（二）个性化

个性化的城市品牌形象具有强烈的情感感染力，能够抓住受众的兴趣点，不断保持情感转换。城市品牌形象的个性是基于受众角度的定义，即受众能够感知的城市品牌所体现出来的一套个性特征，依据此观点创造与其他城市形成鲜明区分的城市品牌形象，尤为重要。品牌个性蕴含着受众对于品牌的情感附加值。因此，个性化是城市品牌形象的重要特征，应当重视建设城市个性，强调与其他城市之间的差异化，避免城市品牌形象趋同，用产品思维打造城市品牌。

（三）广众性

广众性是指城市品牌形象所面向的受众基础广泛，有政府、市民、游客、投资者等与城市利益相关的群体。城市品牌形象的建设不是孤立的，城市的品牌形象建设总是与这座城市中的人群紧密联系在一起，良好的城市品牌形象需要这些受众对于城市总体印象和美誉度的支撑，如果只是一部分人关心或喜欢都不能称之为塑造了良好的城市品牌形象。

（四）可持续性

与企业品牌的塑造相比，城市品牌形象的塑造与传播是一个长期的工程，需要不断地挖掘与完善，而不是一蹴而就。由于城市品牌形象需要长期稳定的可持续发展，因此城市品牌形象要具有继承性与历史性，立足城市发展，精准城市定位，把城市的过去与现在连接起来，不可随意更换。

三、城市品牌形象系统的构成要素

城市品牌形象系统从城市历史、产业结构、视觉形象等全方面地反映城市特点。在内容上包括城市品牌形象理念识别系统、城市品牌形象行为识别系统和城市品牌形象视觉识别系统三部分。

（一）城市品牌形象理念识别系统（MI）

城市品牌形象理念识别系统是城市品牌形象的核心，一个没有精神核心的城市就像是一座空城，需要用城市文化和城市历史去填充。城市精神集中反映在城市市民的精神信念、民风以及城市的发展理念、发展规划中。

城市精神是城市生存和发展的原动力，也是城市发展的思想基础，承载着城市市民的共同信念与精神追求，唤醒着城市市民的主人翁意识和集体参与感，成为推动城市发展的强大力量。城市精神代表着城市的价值观、信仰和道德准则，塑造了城市市民的行为方式、生活态度和社会关系。对内而言，城市精神是历代城市市民的共同信念，激励着他们为城市的繁荣与进步共同努力。它可以凝聚市民的力量，推动城市事务的积极参与和民主决策，促使市民担当起城市建设的责任和义务。城市精神还能够塑造市民的社会价值观和道德观念，引导市民遵守法纪、尊重他人，并促进社会和谐与共融。对外而言，城市精神是吸引人才与资源的强大牵引力。一个具有鲜明精神特质的城市能够在全球范围内树立自身的独特形象，吸引更多的人前来发展、投资和居住。城市精神可以体现为城市的文化底蕴和历史传承，反映着城市对创新能力、包容性和可持续发展的追求。这种精神特质将成为城市在全球竞争中的差异化优势，增强其在人们心中的形象认同和吸引力。

（二）城市品牌形象行为识别系统（BI）

行为识别系统是城市品牌形象物化的具体表现，一个城市良好的品牌形象离不开政府、市民、企业等城市利益相关者的共同践行与守护。主要包括政府形象、市民形象、企业形象及城市活动等。

政府形象包括政府的政策识别、政府群体行为、政府行为形象等方面。市民是城市品牌形象传播的主体，也是城市文化、城市品牌形象的承载者，市民行为是特定市民个体与市民群体行为的总称。城市市民行为是城市精神文化的缩影，在城市品牌形象的传播中有着至关重要的作用。城市活动是以动态的形式展示城市的品牌形象，城市自身独特的城市活动是展示其文化，传播城市品牌形象的重要形式之一。

（三）城市品牌形象视觉识别系统（VI）

城市品牌形象视觉识别系统是城市品牌精神和城市品牌文化的符号化表现形式，具有易于辨识、易于记忆和易于传播等特点，是一个城市区分与另一个城市的形象最为简单有效的方式。城市品牌形象视觉识别系统在城市品牌形象的塑造和传播过程中有着积极的推动作用。城市品牌形象视觉识别系统大致可分为基本要素系统、应用要素系统和展示要素系统。

四、城市品牌形象系统建设的意义

（一）塑造城市品牌形象，打造城市"名牌效应"

城市品牌形象的打造，就是把城市当作"产品"进行品牌"包装"并推向全国乃至全球，为城市发展赢得更多的可能性。城市的品牌化就是要在市民心目中形成对于城市的综合印象，而良好的城市品牌形象不仅可以提升城市的知名度及美誉度，也会内化形成城市发展的内在动力。

塑造城市品牌形象，对于整个城市发展而言是正向的、积极的推动力量，加速城市"名牌效应"的形成。"名牌效应"可使城市的居民、相关投资者、消费者在选择城市投资、旅游、居住、工作或学习时，对城市产生偏爱和兴趣，产生的信赖感和认同感使人们逐步提高了对于城市的美誉度。一个通过高品质、高质量的城市品牌形象确立起来的城市将在人们心中保持相对长久的稳定印象。当一个城市建立了与之相匹配的品牌形象，其所体现的特点和优势会深植人心，成为城市吸引力的重要来源。城市品牌形象的塑造不仅仅局限在视觉上的表现，还包括城市的文化、历史、环境、公共设施、服务质量等多个方面。通过对这些方面的整合和提升，城市能够塑造出与众不同的、独特的品牌形象，吸引更多的人关注和投资。通过积极推广城市的优势、突出城市的特色，以及提供高质量的服务和设施，城市品牌形象可以在人们心中树立起一个可靠和有价值的形象。

（二）强调区域形象个性，避免城市间同质化

城市品牌形象的明晰定位和鲜明的区域个性在城市化进程中至关重要。在如火如荼的城市化进程中，如果城市品牌形象没有明晰的定位，亦

没有鲜明的区域个性，那么这座城市的声音会逐渐淹没在城市发展进程的洪流中。

在现代化进程中，城市特色危机成为一个值得关注的问题。为了避免呈现面貌趋同化、城市目标盲目国际化的趋势，辽宁省只有充分发掘其丰富的历史、文化和地理资源，强调其形象个性，构建系统化、差异化的城市品牌形象，才能冲出现代城市"复制怪圈"，继承区域文化精神，打造东北城市形象强势品牌。

每个城市都有其独特的历史背景和文化传统，这些资源是塑造城市品牌形象的重要基础。通过挖掘和展示这些历史和文化资源，城市可以建立起与众不同的形象，展示独特的魅力和吸引力。辽宁地处东北经济区，拥有丰富的自然资源和独特的地理位置优势。例如，大连作为沿海城市，可以突出其海洋文化和海滨风情，沈阳则可以强调其作为政治、文化和经济中心的地位，以及丰富的文化遗产。构建系统化、差异化的城市品牌形象，包括在广告、宣传物料、网站设计、城市景观等方面统一视觉风格和形象定位，确保品牌形象的一致性和连贯性。同时，每个城市通过自身的特点和优势，建立起独特的城市形象，展示出不同的魅力和价值。东北地区拥有丰富的历史和文化遗产，这些遗产蕴含着深厚的文化底蕴和精神内涵。

（三）挖掘城市文化内涵，提升市民的认同度

城市是文化的产物，在城市发展中，城市文化是一座城市价值品位的体现。一座城市拥有文化内涵，才能在城市竞争中脱颖而出。文化内涵是城市文化的核心，也是维系一个城市长远发展的纽带。但纵观辽宁省城市品牌发展的现状，还普遍存在文化内涵缺失、文化挖掘浅尝辄止、文化核心不突出等问题，致使辽宁省城市品牌形象的创建受阻。

挖掘城市文化内涵的目的是架起城市与人民群众之间的桥梁，将良好的城市形象根植于城市市民和游客的内心深处。毕竟，人是城市的主体，个体是城市品牌形象的基础单位，每个个体的行为集结起来构成了整个城市品牌形象。因此，只有通过深度挖掘城市的文化内涵，并准确捕捉人民群众的文化认同，才能激发全体市民的主人翁精神，让他们热爱城市并以城市为荣。

这种情感根植于市民的内心，使得他们愿意承担起共同建设和维护城市品牌形象的责任，实现城市品牌形象的稳定可持续发展。通过传承和发扬城市的历史、传统文化和地方特色，城市能够唤起市民对自己身处的城市的认同感和归属感。市民们会更加珍视和拥抱城市的文化底蕴，与城市的品牌形象产生共鸣。市民们会认识到自己在城市发展中的角色和责任，并乐于为城市的形象做出贡献。这种主人翁精神的激发将推动整个城市向着共同目标迈进。当市民对城市的文化内涵有了更深层次的理解和认同时，他们会更加关注和珍惜城市的形象。他们会主动参与到城市环境的保护和改善中，自觉维护城市的美丽和整洁。这种保护意识的提升将有助于实现城市品牌形象的稳定可持续发展。

（四）提升城市竞争实力，推动经济高速发展

城市品牌形象系统作为"城市文化资本"的一部分，是城市发展的内在驱动力，也是城市的无形资产之一。事实上，城市品牌形象就是让人了解和认识城市，并将某种形象和联想与这座城市自然地联系在一起，形成某种印象。并让它的精神融入城市的角角落落，让竞争力和生命力与这座城市共存。塑造良好的城市品牌形象系统，是构建城市核心竞争力的重要资源型要素，这两者在城市的发展中是相辅相成的。

振兴东北、文化先行，深入挖掘辽宁省丰富的文化底蕴，确立城市品牌形象系统，能够在多方面多领域产生不可估量的影响力和辐射力，开展切实可行的经济转型升级，才能够推动经济加速发展。通过突出城市的文化优势和特色，城市能够吸引更多的人前来投资、旅游和居住。这样的品牌形象系统将使辽宁省在全球范围内树立起独特的形象，增强其在人们心中的知名度和美誉度。文化作为经济发展的重要驱动力，深入挖掘辽宁省的文化底蕴可以推动经济转型升级。通过发展文化产业和文化旅游，城市能够吸引更多的投资和资源流入，为经济注入新的活力。良好的品牌形象系统将提升辽宁省在文化领域的影响力，促进相关产业的繁荣和发展。城市品牌形象系统能够激发市民的归属感和自豪感，增强市民对城市的认同和参与度。当市民意识到城市具有独特的文化底蕴和品牌形象时，他们会更加关注和珍惜城市的形象，积极参与城市建设和维护中。这种市民参与的增强将推动城市的可持续发展。

第二节　辽宁省城市品牌形象系统建设现状

伴随着当今全球化与城市化的进程，为城市的发展提供了更多的机遇与挑战，城市间的竞争也愈加激烈。如何在众多飞速发展的城市中脱颖而出，城市的综合实力成为重要因素。城市在建设发展中更加注重软实力的发展，进行城市品牌形象系统的建设，有利于提升城市的综合竞争实力。

辽宁省作为我国东北重要省份之一，近年来经济发展较为迅速，是东北经济的代表省份。但一直以来，在辽宁省的城市发展进程中，城市品牌形象系统建设仍存在不够完善的情况。在辽宁省众多城市品牌中，虽然大连的城市品牌形象建设较为完善，营造了"浪漫之都"的城市形象，但即便是省会城市沈阳，自身城市品牌形象特色发展距离目标仍存在一些差距和不足，且辽宁省并没有一个以全省为单位建设的科学、系统的城市品牌形象系统。

一、品牌形象系统设计单一

城市品牌形象系统建设是将城市的内容与特色传达给公众的一种表现形式，它既可以提升城市品牌特色的发展、促进城市文化传播，也可以增强城市品牌综合影响力。虽然辽宁省自 2014 年以来，为树立城市品牌形象开展了宣传口号和形象标志设计，但随着近几年互联网、新媒介的迅速发展，辽宁省城市品牌形象系统建设仍存在一些问题还未曾解决，同时也需要寻找一个创新点来构建城市形象。品牌形象设计是提升城市品牌效应不可或缺的一部分，对城市的发展起着至关重要的作用。现阶段辽宁省出现品牌形象系统设计单一的问题，可总结为以下几点。

（一）城市视觉形象缺少文化特征

辽宁省内的城市并不缺乏文化资源，但是大部分城市并未将这些资源进行有效的传播和应用，致使现如今所传播的视觉元素较为局限，城市视觉形象特色不足。例如大连的星海广场，是亚洲最大的城市广场，也是纪念香港回归的主要建设工程，广场内部也有很多的雕塑景观，并且文化内涵和历史故事较丰富。然而，在城市大部分区域甚至是公共区域中，几乎没有传播此类的文化信息，并且缺乏能与市民进行互动的城市产品，未能较好地反映出城市地域文化特色。因此，视觉形象缺少文化特征。

（二）城市品牌形象意识薄弱

辽宁省历史文化悠久并且资源丰富，有着浓郁的民族文化和丰富的历史资源。但产业结构较为分散，文化产业与城市品牌之间的融合度较低，还未形成专业的发展模式，并且对文化资源的认识、开发、挖掘等缺乏系统性的整合，导致大量文化资源出现浪费或闲置的现象，因此，辽宁省内的文化资源需进一步深度挖掘和整理。

辽宁省城市在交通枢纽、景区景点、传播媒体和城市官网中，都较少传播有关城市品牌形象的内容，或是几乎没有相关城市的视觉形象宣传，相关部门对城市形象标识、字体、色彩等组合形式和统一规范呈现得较为简单，没有制定清晰、准确的应用规定，导致城市品牌形象在宣传时没有形成系统的规范，弱化辽宁省品牌形象的塑造效果，出现城市品牌形象意识薄弱的问题。

（三）城市形象同质化

辽宁省与黑龙江省、吉林省、内蒙古自治区部分地区统称为东北地区，近些年由于城市化的快速发展对人们的生活方式、生活质量、生活习惯也产生了一定的影响，这些影响使东北地区的省份在城市形象的构建中越发趋于同质化，并出现城市自身特色不足的现象。主要是由于各省份在品牌形象内涵的挖掘上仅利用城市口号来宣传城市特征，缺乏专业化、独特性的城市品牌形象设计。而城市品牌形象理念内涵涉及城市发展目标、宗旨、精神、使命、价值观等诸多内容，是综合政治、经济、文化、民生、环境等诸多因素而提炼成的一套理念体系，城市口号仅仅是城市品牌形象理念内涵的简单化传播载体，无法囊括，更不能完全取代城市品牌形象内涵。目前，辽宁省亟待解决城市内涵挖掘不足以及城市形象同质化等问题。

二、地域文化趋同化严重

地域文化是根据特定的区域，在历史长河中形成的具有区域特色的人文风情、历史故事、传统文化等内容的个性文化。地域文化的设置不仅可以为城市品牌形象塑造提供方案，还可以提升城市的品牌理念和内在价值。随着人们向城市集聚的加快以及现代化进程的推进，诸多富有地域特色的文化趋同现象也随之加重，人们逐渐忽视丰富多彩的地域文化，城市也逐渐呈现趋同化的现象。辽宁省作为文化大省，拥有红山文化、工业文化、民族文化等众多独特的文化资源，虽然文化资源众多、文化底蕴丰厚，但现如今却普遍存在缺乏具有地域特色的故事性、系统性的城市内涵，致使地域文化趋同化严重。

例如，大连市作为辽宁省的海滨城市，有着三面环海的优越地理位置，以及得天独厚的优质旅游资源，但在地域文化特色的展示中，却极少能将城市的品牌特色融合到生活中。在市区的公共交通中，都有其专属的色彩，虽具有一定的识别性但缺乏城市地域文化的特征，并且多数的车身广告与站牌广告视觉形象不统一，只是印上城市景点照片加以简单文字解释，看似有该城市的文化特征，但其展示形式过于单一、缺少城市记忆点、缺乏创新创意点，实际上是文化同质化严重。人们不能切实地体会到当地城市的文化特色，再加上各城市品牌形象具有高度可替代性，因此无法吸引更多的消费群体了解辽宁省城市品牌。

三、老工业基地形象根深蒂固

辽宁省的老工业基地之所以称之为"老"，有两方面原因：一是指时间久远，成立时间早；二是指机械、设备、技术老旧。辽宁省工业历史悠久，早在唐代时便有了炼铁、采煤、陶器制造等手工业；乾隆年间便成立手工作坊；辛亥革命后，国内外政局的变化促使辽宁民族工业崛起；到了"一五"时期，为了加快全国社会经济建设，国家合理运用辽宁省已有的工业基础对其进行重点建设。此后，辽宁省重工业基地初步形成，为辽宁工业发展奠定了坚实的基础。

长期以来，"老工业基地"一直成为辽宁省的城市名片，其形象根深蒂固，难以在短时间内改变，因此，辽宁省需要在多个具有代表性的城市中进行探索性试点研究，通过分析各城市的文化内涵、城市建设等内容，打造传播新的城市品牌，再凭借以点带面的方法来改变辽宁省沉重的老工业基地形象。辽宁省"十四五"规划《纲要》明确提出了"数字辽宁，智造强省"的重大战略部署。数字辽宁指辽宁省委、省政府落实"数字中国"建设辽宁的具体实践，智造强省指辽宁省委、省政府推动制造业高质量发展、构建新发展格局提出的重大战略。由于辽宁省是国家重要的工业基地，这一政策的提出能够帮助辽宁省重新设计老工业形象，打造新的城市品牌特色，更好地实现辽宁振兴。

四、传播方式缺乏创新

在科学技术和互联网高速发展的今天，传播媒介已经出现很多种，如电视、网页、广告、移动宣传车等近百种方式，相较于其他城市的宣传媒介，辽宁省大多数城市出现传播方式较为单一、宣传效果不佳的现象。对省内的市民而言，鲜少有人能够清楚地了解辽宁省的品牌形象，通过在辽宁省各城市的调研发现，城市的广告上、各景点、宣告栏等地方，几乎没发现有关辽宁省的视觉形象设计；对省外的人们而言，在移动终端搜索"辽宁省"也很难发现有关其形象的设计，通过搜索引擎查询辽宁省的形象时能够发现，人们的点击量、播放量和浏览量相对较少，说明其传播力度不足。过去辽宁省城市品牌形象的设计没有向人们开放使用，因此，辽宁省新构建的城市的形象设计将提供给申请者们使用，便于人们下载，同时也利于形象的传播。

在城市与城市激烈竞争的环境下，网络技术的迅速发展，城市形象传播若是仅仅依靠单一传播媒介进行传播，势必会失去很多向外宣传自己城市的机会。在2019年，辽宁省发布了最新宣传片《这里是辽宁》，时长为14分57秒，讲述了辽宁省发展的历史和成就、介绍了城市特色并展现了辽宁省的城市风采。但其视频的设计缺乏创新，同时存在播放时间较长、浏览量较少、曝光率较低等问题。在新媒体平台上宣传不足，难以找到有关辽宁省的宣传介绍。新媒体与传统媒体之间的碰撞并不是非我即他的淘汰竞争，而是要在这一碰撞过程中不断实现两者优势的互补，并最终实现两者的有效融合。

总体而言，辽宁省在形象传播中，集中开展城市品牌形象的网络宣传活动较少，使之品牌形象宣传较弱；其宣传方式比较单一，仅利用传统的广告媒体传播形式进行宣传，缺少新媒介、新媒体的引入，导致传播效果不明显；在重要节假日、周年纪念性活动中形象宣传力度不够、创新形式不突出，弱化了城市品牌形象的视觉效果。虽然辽宁省城市形象已经在某种程度上具备了传播的意识和理念，并进行着积极的实践，但在传播方式的整合和应用上仍存在不足，不仅会影响辽宁省城市品牌形象进一步的宣传，也导致城市品牌难以"走出去"，最终会削弱城市品牌形象的传播，同时也将限制城市未来的发展。

五、文化创意产值低

在我国面临经济转型升级之际，辽宁省作为东北地区经济支柱，现阶段文化创意产值较低。自 2014 年开始，东北三省的经济出现了下滑的趋势，而辽宁省在 2015 年的经济增速也相对较慢。更为严重的是，在 2016 年全国 31 个省市中，只有辽宁出现了负增长的现象，这使得辽宁省的经济转型变得更加紧迫。然而，作为一个拥有丰富的文化资源的地区，辽宁省在文化创意产业的发展方面具备巨大的潜力。

辽宁省拥有丰富的历史文化资源、工艺品文化资源、自然遗产资源和非物质文化遗产资源。辽沈大地具有丰富的历史文化资源，例如阜新地区的查海文化、朝阳地区的红山文化和三燕文化、辽北地区的契丹文化，以及沈阳抚顺地区的民族文化等。这些历史文化资源包括了文化传统、历史故事、风俗习惯、文化符号和传统手工艺等，它们是文化创意产业中丰富的资源，并且具有独特的文化内涵。

然而，目前辽宁省对这些文化资源的规模效益开发还比较有限。首先，缺乏有效的整合和利用机制是一个重要原因，许多潜力巨大的文化创意项目无法得到充分的开发和推广。需要建立起统一的平台，通过整合各地区的文化资源，促进文化创意产业的协同发展。其次，政策支持和投资力度相对不足也是导致问题的因素之一。文化创意产业在辽宁省的政策环境和经济支持方面存在着不足，这限制了其发展的空间和速度。必须加大对文化创意产业的政策支持和投资力度，为其提供更加良好的发展环境。最后，辽宁省还存在着文化创意产业人才培养方面的问题。虽然拥有丰富的文化资源，但是缺乏专业人才的培养与储备。应该加强对文化创意产业人才的培养和引进，提高人才队伍的整体素质和创新能力，以推动文化创意产业的健康发展。

综上所述，在当前经济转型升级的关键时期，辽宁省作为东北地区经济支柱之一，需要解决文化创意产值较低的问题。通过建立有效的整合和利用机制，加大政策支持和投资力度以及加强人才培养和引进，可以推动辽宁省文化创意产业的快速发展，为经济转型升级注入新的活力。只有充分发挥文化资源的潜力，提升文化创意产业的竞争力，才能实现经济发展的良性循环。

第三节　辽宁省城市品牌形象系统建设架构

在建立辽宁省城市品牌形象系统建设架构阶段，主要以城市品牌形象视觉识别系统为侧重点进行设计。以大量前期调查与研究为理论基础，根据CVIS框架将城市品牌形象系统分解为四大部分，并通过对视觉形象、标准图标、标准图案、标准 IP 形象四个部分系统化、标准化的设计，组成辽宁省城市品牌形象系统建设架构。

一、视觉形象

随着城市化进程的演进，城市发展的重心实现了由基础建设向城市品牌形象建设的转移。各省市纷纷加入通过城市品牌形象为城市无形资产创值，传播城市精神内涵，提升城市竞争软实力的队伍中。

城市的视觉形象是城市精神内涵的外在表现形式，指的是将抽象的城市精神与城市内涵以视觉的形式呈现出来，浓缩成为城市的象征而被受众识别和认知。它囊括了城市物质文明与精神文明，并形成了城市文化的一部分。读图时代，将城市的相关信息可视化从而使城市的形象可以通过视觉的形式被感知，成为城市品牌形象打造的主流手段。城市的视觉化是指依据视觉传达原理，通过符号化的图形、色彩等视觉元素将城市的信息转化成视觉形式，人们再通过认知这些视觉形式轻松快捷地获取城市信息。城市的视觉形象承载着城市的精神与文化内核，而且能够跨越文字、语言和地域的局限，从而易于人们解读、认知、识别一座城市，给人以视觉冲击并产生深刻的记忆。

城市标志作为城市品牌视觉形象的核心组成部分，特指城市内涵要素经过集合、提炼出来的具有典型象征意义的城市视觉符号，是一座城市与其他城市区别开来的个性化标识，从多方位代表着城市的整体形象。城市标志以视觉的形式承载着一座城市的历史文化、时代积淀和未来发展，它不仅仅是一座城市在视觉层面的形象，更是一座城市灵魂的载体。

通过前期对于国内外优秀城市品牌形象设计案例的分析研究，以及对于城市品牌形象系统的概念研究，结合辽宁省实际发展情况、发展需求量身打造，提出"辽宁&"和"辽宁i"的基本设计理念，"辽宁&"和"辽宁i"的理念取自"辽宁和"与"辽宁爱"的概念。（附图12）打造辽宁省城市标志的最终意义就是希望通过准确且迅速地传达城市信息来建立良好的城市品牌形象。因此，要保证城市标志所传达出的信息的有效性、准确性与可辨度。强调以人文关怀为设计中心，设计有温度、有识别性间距的城市标志。

在辽宁省的城市标志塑造中，首先以辽宁省的整体标志形象为中心原型，并在此基础上发展出各个城市的城市标志形象分支。辽宁省各市之间的城市标志形象关系是既有共性又有个性，都是以辽宁省整体视觉形象为基础，发展出的独具各自城市风格与特色的城市标志形象。形成了以辽宁省整体城市标志为主题的一级标志与具有各城市独特形象的二级标志，在视觉上既分级明确又高度统一。其次，要保证视觉形象的完整性与个性化，才能够形成强烈的视觉冲击力，被受众认知和记忆。在城市标志的实际应用过程中，辽宁省城市标志既可以单独应用，也可以与不同城市标志灵活组合应用。

二、标准图标

城市标准图标符号应用广泛，是实现信息储存和记忆的工具，也是表达思想情感的物质手段，人类的思维和语言交流都离不开图标。图标具有传达信息、叙述内容、表现形式等功能，是信息的载体。图标符号本身只是一种抽象的概念，需要依附于一种特定的媒介或载体才能够发挥其作用，而辽宁省城市标准图标设计正是利用视觉化的图形来进行城市信息传达的设计。因此，辽宁省城市标准图标也就具有了图标形式和图标内容两种基本属性，两者相互依存、密不可分。脱离内容的形式无法传达沟通，而没有形式的内容也不能被称作图标。图标的能指是通过图标的形式表达出来的，图标的所指是通过图标的语义表达出来的。由此，图标的能指与所指就构成了图标的底层基础及上层建筑的双层结构。图标的底层结构即图标的形式，是城市标准图标的物质基础，而图标的上层建筑即图标的内容，则是辽宁省城市所蕴含的精神文化内涵。

相比于文字语言传达，在实际传达应用中，图形语言鲜明的感性特征打破了文字苍白的语言桎梏，更能够塑造强有力的辽宁省城市品牌典型形象。根据尹定邦先生的观点，一方面"用图形去吸引意义"；另一方面"由意义去创造图形"。这就是说，在完成城市标准图标的同时，也建构了图标的意义和图标本身。从某种程度上讲，设计的过程就是图标化的过程，就是赋义赋值的过程。

对标准图标的设置主要应用于商业场所、旅游景区、公共设施、城市交通、生活社区、工业园区等城市场景，起到导向、指示、引导、提醒、警示等作用。标准图标不再是孤立的单体设计，而是整合品牌形象、建筑景观、交通节点、信息功能的系统化设计。根据辽宁省城市品牌形象系统建设的需要，我们制定了公共服务图标、社会服务图标、生活服务图标、地标建筑图标、警告提示图标、地级市花图标和交通指示图标七种城市标准图标。（附图13）在实际应用中，根据不同应用场景和应用需要选择不同图标系列，并且可以根据应用需求使用动态图标，丰富辽宁省城市标准图标的视觉变化。

三、标准图案

城市标准图案是对城市风光、特色等方面视觉装饰艺术的表现。在文化创意产业逐渐崛起的背景下，图案的应用更为丰富，因此城市视觉形象在实际宣传中需要更多的视觉延展，城市标准图案的出现可以进一步丰富城市视觉形象，也可以成为城市品牌形象的有机组成部分。

城市标准图案的设计既要立足于城市自身文化、资源、地域和战略，又要展现出城市的个性特征和精神风貌。因此，城市标准图案绝非单纯的图形设计，而是紧紧围绕辽宁省城市这一主体，牢牢把握精准定位思路，将辽宁省城市的个性化文化特色、精神内涵进行视觉化处理，既保护了辽宁省自身文化的完整性，又避免了城市间视觉形象趋同化。

依据辽宁省城市品牌形象系统建设的不同需要，形成了现代建筑图案、古代建筑图案、饮食文化图案、省内动物图案、风俗文化图案、自然风光图案、非遗文化图案、辽宁之最图案等不同种类的城市标准图案。

（一）现代建筑图案

现代建筑图案涵括了城市现代发展、城市风光等特征。每座城市都有其标志性建筑，地标作为城市中的建筑主角，不仅在外观上具有创新性，而且还承载着城市本身的文化内涵。辽宁省各城市地标性现代建筑，例如大连的星海广场、沈阳的21世纪大厦、抚顺的生命之环、锦州的万花塔等。

（二）古代建筑图案

古代建筑图案涵括了城市历史脉络、文化古迹等特征。历史文化是一座城市的本源和血脉，历代的薪火相传造就了一座城市与众不同的文化气质，这种差异性的文化特色美、独具个性的人文色彩，决定了城市的发展方向与城市的形态。辽宁省有着丰富的历史名胜古迹，例如沈阳的故宫、昭陵，抚顺的元帅陵，丹东的大孤山古建筑群，锦州义县的万佛堂石窟等。

（三）饮食文化图案

饮食文化图案涵括了城市传统美食、著名小吃等城市特色。辽宁省有着丰富的饮食文化资源，因此选取了辽宁省内各个城市特色美食进行图形设计，例如沈阳的西塔冷面、锦州的烧烤、抚顺的麻辣拌等。

（四）省内动物图案

省内动物图案涵括了各个城市栖居的特色动物类型。辽宁省野生动物资源十分丰富，就辽宁省分布种类最为丰富的鸟类来说，辽宁省是丹顶鹤繁殖的最南限、白鹤的最大迁徙停歇地、黑脸琵鹭在国内的唯一繁殖地、黑嘴鸥的最大繁殖地、白尾海雕和遗鸥的重要越冬地等。

（五）风俗文化图案

风俗文化图案涵括了城市民风民俗、特色文化等特征。辽宁，取自辽河流域永远安宁之意。天地辽宁，辽河流域是中华民族灿烂文化的发祥地之一。历朝历代在这方土地上留下了众多富有传奇色彩的文物古迹，当然包括了极具地方特色的风俗文化，例如抚顺地秧歌、凌源皮影戏、满族剪纸、辽西木偶戏等。

（六）自然风光图案

自然风光图案涵括了城市地貌、自然气候等特征。经纬度的差异带来了城市间自然条件与地质地貌的千姿百态，人们对于一座城市最初的印象便源自该城市所处的地域环境特征。因此，在城市视觉形象传达中侧重于地域特色特征的融入有助于自然地让人们产生深刻的印象留存。辽宁省自然风光秀美，山海景观壮丽，文化古迹别具特色，自然风光资源十分丰富。

（七）非遗文化图案

非遗文化图案涵括了城市人文底蕴、传统文化等特征。城市因人而存在，人类的物质和精神活动造就了城市文明。城市的人文素质和人文内涵是一个城市的生命力、一个城市的灵魂和品位、一个城市的文化原野。辽宁省是多民族省份，拥有丰富多彩的非物质文化遗产，例如大连虎头鞋、抚顺皮影、阜新剪纸、锦州评剧、辽阳风筝、营口舞龙等。

（八）辽宁之最图案

辽宁之最图案涵括了辽宁省各领域表现出众和值得骄傲的事物形象。列举了辽宁若干个"第一"，例如"世界上第一朵花开放的地方，世界上第一只鸟飞起的地方""第一艘国产万吨巨轮'跃进号'""第一架舰载机歼-15""第一台自主研发高端数控机床 KDW－4600FH"等。

四、标准 IP 形象

基于目前文创产业的发展需求，城市标准 IP 形象也成为城市品牌形象系统建设中不可或缺的一部分。城市的 IP 形象是指象征着城市某种特定意义或事物的形象，本研究以"智造辽宁"和"乐居辽宁"为主题进行 IP 形象的设计，可应用于文创产品、展示活动等。

（一）"智造辽宁" IP 形象

"智造辽宁"以对多种机器人形象的塑造，打造智能感、科技感城市形象。"智造辽宁" IP 形象将使用于科技类、经济类、战略类等宣传场景中，传达辽宁省制造产业升级，由"制造"转向"智造"的发展新趋势。

选取"辽"字作为车头形象，结合辽 A、辽 B、辽 C 等辽宁省各个城市车牌，串联在一起形成整体的"智造辽宁" IP 形象。既可以整体使用表达辽宁省整体"智造"趋势，也可以把"辽"字与单个机器人形象结合表现辽宁省各个城市发展，或单独使用各城市机器人形象表达城市发展。

（二）"乐居辽宁" IP 形象

"乐居辽宁"以多种鸟类栖居组成辽宁省地图，传达辽宁省舒适宜居的理念。采用生动、可爱、顽皮的鸟类造型，并通过夸张和美化，使 IP 形象更为亲切、温暖，更具感染力和视觉冲击力。"乐居辽宁" IP 形象将使用于人文类、文化类、自然类等宣传场景中，既可以以多种鸟类结合的形象表达辽宁省整体形象，也可以以单独鸟类形象表达辽宁省各城市形象。在传播过程中使辽宁省乐居、宜居的形象潜移默化地进入受众的认知领域，使受众感知到设计的温度，从而扩大辽宁省城市品牌形象的社会受众基础。

以上城市标准 IP 形象既可以独立应用，用于弥补城市标志在形象传达上的不足，也可以和城市标志共同使用，成为城市标志序列的有机组成部分。城市 IP 形象作为城市独特的文化标志，寓意深刻、联想丰富、耐人寻味，能够通过表达真挚的人文关怀给人以意蕴无穷的情感体验和形象的实感。

第四节　城市品牌形象系统建设对策

一、加强品牌系统设计，提升城市的知名度

城市品牌形象不是一个简单的定义，它需要在现实中得以存在并创造独有的城市品牌价值，不仅要展现出城市的地域特色和丰富内涵，还要包含一个城市的审美观和价值观，为了实现这一目标需要加强品牌系统设计。辽宁省应有一套属于自己清晰的思考方向，能够对品牌设计进行有计划、有顺序、有步骤的科学管理，通过这一系列的管理和整体思路的设计，整个品牌系统变得更加统一和协调。城市品牌系统基础部分构建包括视觉形象、标准图标、标准图案、标准 IP 形象这四个方面。其中，视觉形象的设计通过标志、标准色、辅助图形等内容展现城市特色，将其应用在城市的导向系统、宣传平台、建筑装饰、文创产品中，统一的视觉形象便于人们识别，增强城市品牌的影响力，也能给游客们留下深刻的印象；标准图标的设计应用于公共服务、社会服务、生活服务、地标建筑、警告提示、地级市花、交通指示等内容上，以简洁的元素表现出来，图标的设计风格、大小、形式都具有一致性；标准图案是根据每个城市独有的元素进行装饰化造型设计，如沈阳的故宫、本溪的水洞、朝阳的北塔、大连的地标建筑等；标准 IP 形象则根据城市的理念内涵，IP 形象的设计应传达城市的个性、故事、价值观，作为城市品牌形象宣传的重要环节。

在具体的方法中，城市品牌系统设计将城市愿景、战略、成果等进行视觉设计、整合推广、理念提炼。从城市历史文化、自然风景、建筑特色、风土人情等方面挖掘城市品牌的潜在因素，重新构思与设计城市形象系统，对

城市建设能够有更深入的解读，便于城市的视觉化表现与整合性传播，也能激发人们对辽宁省的参观、旅游、了解，进一步提升城市品牌的知名度。

二、利用城市文化产业，夯实城市品牌新形象

每座城市都拥有属于自己的城市文化内涵和特点，城市品牌形象的传播应对本城市的文化进一步地挖掘和加工，利用城市特有的文化产业在一定程度上不断丰富城市形象，传播城市的内容。

近年来，辽宁省大力发展文博会展业。其中，辽宁（沈阳）工艺精品文化节、东北文化博览会等活动广受群众好评。根据辽宁省文化产业的现状，各城市也可针对自己的特色进行个性建设，充分依托和利用自身的区位优势，从文化品牌、地域特色、著名景点、历史建筑等方向出发，打造具有鲜明的特色文化，进一步夯实城市品牌新形象。

例如沈阳，作为辽宁省的省会城市，孕育了辽河流域的早期文化，在2021年8月底，沈阳市文化体制改革和发展工作领导小组出台《沈阳市推进沉浸式文化产业发展行动方案（2021—2023年)》，旨在贯彻落实全市文化工作会议精神，高标准谋划数字化体验等沉浸式业态发展，与数字辽宁相关联，推动文化内容向沉浸式创新转化，突出文化内容创意，挖掘、展示、利用、弘扬文化资源，打造历史沈阳、文化沈阳、山水沈阳文化IP，推动线上线下融合，促进文化产业高质量发展，进而满足市民的文化需求。文化产业不仅能够促进城市品牌的建设、提升城市文化、展示城市特色，还可以更好地传播城市品牌新形象，提高城市的知名度。

三、规范形象使用，保障系统可持续发展

在城市品牌形象的构建中，视觉形象的设计是为了铸就城市品牌的规范使用，能够给人们最直观的视觉感受，通过视觉方法将城市品牌的经营理念、城市内涵、口号等表现出来，便于人们认知和理解。这时，对城市品牌形象的系统规范便尤为重要。

关于城市品牌形象的设计在使用中可能会存在一些问题，如视觉形象的

识别不够明确、对视觉形象进行随意的更改、不按照使用规范随意添加元素等问题。为了避免此类问题的出现，将会制定属于辽宁省的城市形象设计手册，手册内部会制定清晰、必要的应用标准，其中包括视觉形象呈现在不同载体中的应用效果、具体形象的应用规范、图形的最小范围、背景色和透明度的介绍等，确保其形象可以规范使用。同时，在手册的规范中，也会根据实际情况弱化一定的规范，此目的是给应用部分提供一定的使用空间，避免因为规范要求过多导致使用限制过大。当各个部门、社会组织、商业机构使用时，应完全按照手册制定的要求、规范标准来使用城市视觉元素。规范化的使用能够加强城市品牌形象的塑造效果，利于城市品牌的传播，推动城市经济的发展。

个性化、系统化的视觉形象是城市品牌宣传的基本要求，这保证人们在不同的媒介、宣传作品中，可以看到一致、统一的视觉元素，加强人们对城市品牌的认知度、识别度和信任度，逐渐提高对城市的观点和评价，确保城市识别系统的可持续发展。

四、创新联动传播，拓宽宣传深度与广度

美国著名的营销专家菲利普·科特勒说过："品牌是城市营销之魂，城市品牌对城市经济的发展可以起到巨大的作用。"这表明优秀的城市品牌推广能够促进城市的发展，品牌传播是塑造城市品牌的关键环节之一，同时，创新的联动传播也能够增强城市品牌推广的效果。随着互联网的快速发展，信息传播的渠道也日趋多元化，改变了以政府机构为主体的管理模式，同时也便于城市品牌的联动传播，使得更多的市民参与城市品牌建设中。城市品牌的宣传与推广具体可以通过短视频推广、城市广告、网络营销等多种传播手段来实现，能更深入挖掘城市特色。

（一）传统传播方式促进城市品牌宣传

在当今互联网高速发展的时代，除了利用手机等电子设备能够迅速了解城市信息，路边随处可见的广告也跟随城市新内容时刻更新。城市广告作为城市生活不可缺少的一部分，也是塑造城市品牌的重要手段。可以具体分为

平面广告、电视广告和户外广告。平面广告可以作为旅游宣传推广等信息传播渠道；电视广告是为了让更多人了解城市品牌，宣传城市形象的重要推广形式；户外广告是展现城市视觉形象、传播城市形象内容的重要载体。一个成功的城市广告能促进城市的经济发展，例如，2001 年哈尔滨的城市形象广告"异国的情调，冰雪的魅力"通过中央电视台海外频道《中国报道》栏目进行了播出，仅春节 7 天的旅游收入就达到了历史上的最高点 3.5 亿元。2018 年，西安举办"西安年·最中国"的系列文化活动，并设计了城市形象进行宣传。在春节期间经《人民日报》、东方卫视、中央电视台、新华社等中央及地方媒体报道，累计阅读和点击量超过 1.8 亿次，西安市共接待游客 1269.5 万人次，同比增长 66.56%，使其接待人数和收入均创历史新高。虽然新的传播方式已经出现，但传统方式的传播在人们心中同样重要，城市品牌形象通过传统方式的传播同样能给人们带来巨大的效益，提升城市的知名度。不仅如此，城市形象的突出也加深了人们对城市品牌的印象，引发城市旅游的热潮，也能够促进经济消费。因此，可以根据各城市特色与相关产业联动传播，促进城市品牌形象的多方位宣传。

（二）网络互动引领城市品牌形象宣传

网络传播具有双向沟通和及时互动的特征，除了旅游网站、政府官网、活动官网外，新浪网、微博、B 站、小红书、新华网、人民网等也在网站上建立了各城市的专题宣传栏，这一举动能够将线上线下的渠道加以融合，深入基层去了解人们的最新想法，调整城市相关内容进而扩大城市品牌的影响范围。例如 2009 年年初，新加坡旅游局在全球范围内举办"2009 个享受新加坡的理由"的活动，在各大网站以及媒体平台进行宣传，同时启动网络互动游戏，参加者在网上选择喜欢的飞机型号并把亲友名称写在座位上，再将网上生成的登机牌发给亲友，就有可能会赢取奖励。这一举动可以极大地调动人们的积极性，同时这也是以创新新颖的网络营销方式宣传城市品牌形象。2014 年，武汉在优酷网、优酷视频、腾讯视频等平台上发布《大城崛起》的城市形象宣传片，并在微博上设立专门的超话与网友们交流互动。宣传片以"武汉，每天不一样"为主题，"变"为结构主线，将历史、现在和未来以故事的形式展现在人们面前，极强的视觉冲击力以两天点击量破万的速度传播，在微博上的转发、评论、探讨也超过万次。2018 年，国家网络安全宣传周开幕式、网络安全技术高峰会论坛、网络安全博览会等重要活动都在成都市举行，与此同时，成都市举办"趣玩空间"的大型公众体验活动，以线上征集网络安全微课、创意创作长图，线下探访成都建设美丽宜居公园活动的模式刷爆朋友圈，这一举措使全国知名网络新媒体报道，达到覆盖人群超三千万的效果，形成"网络安全看成都"的热潮，为成都建设新发展理念和打造国家安全之城的城市形象做了极大的宣传。

（三）民族传统文化带动城市品牌宣传

民族传统文化是城市品牌形象传播的一大特色，拥有独具特色的民族服饰、生活习惯、古典诗文、忠孝观念，这些可以丰富城市的文化内涵，也能够形成城市独有的文化脉络。深入挖掘城市文化对城市品牌的传播提供更多更有力的传播内容和要素。其中，辽宁省锦州市的民俗风情多样且具有较高的美学价值。如医巫闾山满族剪纸，这项剪纸艺术被评为国家级非物质文化遗产，它既保留了东北满族的人文特征，又具有独特的艺术形式和丰富的萨满文化内涵，是研究民族文化融合的重要史料。不仅如此，锦州市满族的刺绣也十分有名，在 2008 年被列为中国第二批国家级非物质文化遗产名录。锦州市政府将以满族剪纸艺术和刺绣术艺术为契机，设立专门机构对其进行保护并培养更多的艺人去传承这两项技艺，并与民办网络的社交平台合作，举行剪纸、刺绣等活动为其进一步宣传。同时，与其他城市开展交流，将锦州城市品牌特色传播出去。每一项独特的技艺和文化都是城市一个特有品牌形象，这些技艺与文化的传播，将有助于提高城市在市民心中的价值。

第五节 辽宁省城市品牌形象系统建设的展望

一、辽宁省城市品牌形象的前瞻性探索

（一）城市品牌形象系统的发展态势

在经济全球化和区域一体化的背景下，运用城市品牌形象战略来提高城

市核心竞争力，成为当今城市发展的必然选择。高速发展的科学技术使世界的距离越来越近，我们已经步入了一个物质文明极为繁荣的时代，站在历史发展的新关口回望，科技促成了全球化数据网络时代的全面到来，也造成了城市逐渐丧失了固有的个性，城市面貌频频出现雷同。同质化的城市间经济、产业、文化与生活节奏会逐渐趋于统一，并直接导致城市的硬件设施、资源环境也变得极为雷同，最终丧失作为城市的发展竞争力。因此，建立健全城市品牌形象系统是辽宁省的选择，也是时代的选择，我们终将步入以城市品牌形象系统为主导的知识文化型经济时代。简洁化的创意、规范化的应用、感性化的设计已是主要发展态势。

1. 创意简洁化

城市的品牌形象设计早已成为城市推广传播的一部分，面对信息时代的高速发展，信息的广泛高效传播越来越受到重视，因此，城市品牌形象的视觉设计风格也向着简洁、易懂的方向发展。在这种背景下，城市品牌形象的传播方式也发生了很大的改变。传统的传播媒介已经不再是唯一的选择，新媒体和全平台的传播方式变得更加重要。快节奏的生活方式的转变使人们不再有时间去驻足研究视觉形象设计背后的内涵，如果城市的品牌形象不能够被快速地通过视觉传达识别认知，也就失去了传播竞争力。新时代需要既能彰显城市特色又便于识别和记忆的设计，这间接促成了视觉设计创意的简洁化、通俗化。

2. 应用规范化

科学技术的优化使得各类媒介平台呈现百花齐放的景象，城市品牌形象不再拘泥于传统的传播媒介，而是更加注重在新媒体、全平台的传播方式上。城市品牌形象的传播应用愈加丰富繁杂，无论是在形式上还是在渠道上，都要有创意和差异化。在竞争激烈的城市市场中，拥有与众不同的品牌形象将更容易吸引受众的关注和认同。仅仅在视觉设计阶段完成基本的设计并不能确保城市品牌形象能够有效地呈现在受众面前，并为受众所接受。最终的目标是让品牌形象系统得以持续发展。在塑造城市品牌形象时，除了要注重视觉设计的吸引力，还需要关注建立品牌的核心价值观和情感连接。通过传递城市的独特魅力、文化底蕴和理念，与受众产生共鸣，并在其心中留下深刻的印象。城市品牌形象需要与时俱进，不断适应变化的市场和受众需求。随着科技的进步和社会的发展，城市品牌形象应该紧跟潮流，并积极参与互动和沟通，以保持品牌的活力和影响力。

3. 设计人文化

设计的发展不再是单向的，而是多维度、多元化的。随着大众对美育美商的重视以及世界艺术交流的增加，设计的广泛性使得人们的视野更加开阔，思维更加活跃。同时，人们也越来越渴望和注重内心真情实感的表达，开始关注设计中的人性关怀，注重以人为中心的设计。因此，多元化的设计在当今时代呈现出了空前的繁荣。

在过去，设计可能主要关注功能性和美观性，强调传递信息和满足人们的需求。然而，随着社会进步和人们价值观的变化，设计已经超越了功能和美学的范畴，更加注重与人们的情感和感知之间的联系。以人为中心的设计理念强调人的体验、情感和需求，通过与用户深入沟通和理解，设计师可以创造出更贴近人们生活的产品和服务。多元化的设计也受益于不同文化和艺术的交流。全球化的社会让各种文化和风格相互融合，设计师可以从不同的文化和艺术传统中汲取灵感，创造出独特而多样化的作品。这种文化交流和融合不仅丰富了设计的表现形式，也提供了更广阔的创作空间。通过多元化的设计，我们能够创造出更具创新性和吸引力的作品，满足人们日益增长的需求和期待。

4. 城市智能化

智慧是人类长久发展的基础，没有现代人类的智慧，就不会有现代化城市的存在。科学技术的发展、社会文明的进步、生活质量的提高，使得人们对未来城市的品质要求不断提升，更加看重城市品牌形象的设计，并且人们对城市品牌形象发展的期待已经远远超过了以往传统城市品牌形象设计。因此，城市品牌形象的设计能够推动城市智能化发展。智能城市是一个系统的工程，首先是城市管理的智能化，其次是互动交流智能化，努力通过交互设计去创造和建立人与城市之间的关系。智能型城市出现将形成全新的经济结构、增长方式和社会形态，并将成为智能经济先导。

（二）城市品牌形象系统的未来展望

优秀的城市品牌形象将成为唤醒城市活力的源泉。城市的魅力就在于其活力，是城市打响城市品牌、提升自身竞争力的重要因素。优秀的城市品牌形象系统不仅仅可以为城市带来新的发展生命力，还凝练了城市的内在精神和未来展望，能够起到更新城市面貌的作用。城市活力为其长远发展注入新的能量和生机，有效运用城市品牌形象系统，提高城市品牌形象质量，才能使城市长盛不衰、蓬勃发展。

优秀的城市品牌形象将推动城市文化内涵传播。好的城市品牌形象创意设计能够优化城市生活环境，改善市民生活方式，提高城市市民生活质量，进而推动城市文化发展进程，为城市增添一丝魅力与定向引力。城市品牌形象创意设计通过多种形式，将城市特色文化提炼融合并潜移默化地传播给受众，用设计这一新手段促进人民健康、保持生态平衡、促进经济发展、推动城市文化产业升级，继而循环加强了城市品牌形象系统的传播影响力。

优秀的城市品牌形象将促进人与自然和谐永续发展。随着工业文明社会向生态文明社会过渡，城市不断面临着"保护与发展"的问题。城市作为这个庞大生态系统中的一分子，每个城市都有责任和义务保护生态环境、节约生态资源。当代城市面临的生态挑战和威胁只会越来越多，在这样的背景下，未来的城市会朝着建立社会、经济、自然协调发展的新型生态型城市方向发展。生态城市是一种有效利用环境资源，提倡可持续发展的生产和生活方式，追求人类和谐、健康、可持续发展的聚居环境。积极将低碳、绿色、环保的生态理念导入城市品牌形象的设计中，倡导社会性设计的思维与方法，寻求改变与创新，并不仅限于单一领域的发展，而是以包容接纳的态度面对一切生态挑战。打造生态友好型城市品牌形象不仅能够唤起人与自然的和谐相处，同时还能增添城市魅力、提升城市品位。

优秀的城市品牌形象将带动城市经济产业发展。城市不仅仅是地理概念、文化概念，更是一个经济概念，代表着财政收支和产业发展。从经济的角度来看，城市品牌形象是城市产品的外观体现，是城市综合实力展示的窗口。与此相对应的，城市品牌形象系统的建设正是在城市竞争和城市形象经济合力作用下形成的城市发展新热点。城市能否在新时代的浪潮中获得更多的资源，将取决于城市是否拥有良好的城市品牌形象。

二、城市品牌形象系统建设的实践与总结

当下，城市品牌形象系统已进入发展快车道，进而带来了巨大的风口价值。城市品牌形象系统在提升城市竞争力方面发挥了至关重要的作用，促进城市飞速发展，推动城市经济跨越性进步。

但是，当我们站在新的历史发展关口，会发现城市品牌形象系统建设也带来了一系列不容忽视的问题。城市品牌形象系统管理首先需要明确权力和责任，城市品牌形象系统在前期的实际建设过程中缺乏科学缜密的前期调研和科学灵活的管理机制，导致城市品牌形象系统长期缺乏标准化管理。上述问题如果得不到有效解决，将会导致城市品牌形象盲目、浮夸、失真，进而影响城市品牌形象的建立。从这个角度上来说，正确使用城市品牌形象使用规范这把锋利的刀刃，助力城市品牌形象系统的全面合理运行显得尤为重要。

通过前期对国内外相关设计案例的大量调研，我们发现相较于国内城市品牌形象系统松散化的管理现状，国外城市尤其是发达国家已经形成了规范科学的品牌形象管理和运作模式，更加注重人文关怀。未来的城市品牌形象系统管理将朝着科学化、人性化、创新化和注重风险控制的方向发展。

因此，针对辽宁省城市品牌形象系统后续应用问题，我们将推出供后期宣传机构遵守与参考的应用指南。该应用指南将多角度、全方位地模拟在实际应用中可能出现的场景及问题，并就各个应用场景和应用问题提出详尽的应用规范，以供使用者参考。该指南将上线电子版本，使用者可通过访问辽宁省网站申请，经审批合格后按规定使用。另外，时代、科技在发展，政策在变化，城市品牌的视觉形象也需要不断演化发展。因此，设置每2—3年对视觉形象进行一次升级，定期更新标志与IP形象。与此同时，标准图标与标准图案的部分也会根据发展需求每2—3年进行定期的补充完善，以保

证辽宁省城市品牌视觉形象贴合辽宁省城市发展需要。我们不仅要加强对规范化使用的监督，指导保障规范化运行，夯实规范使用条例，更要协商领域、统筹全局，保证城市品牌形象落地的完整性。

城市品牌形象的整体提升，源于城市历史文化的积淀，有赖于当下产业的发展，更需要未来战略的领航。中国城市将依托于中华民族伟大复兴的潮流，在国家建设大发展、大繁荣的历史机遇中，在提升城市品牌形象的道路上不断求索，以城市品牌形象之建设助推辽宁省整体发展。

第四章　辽宁省文旅融合发展的探索与实践

第一节　打造"六地"文化文旅新高地

在 2023 年 11 月 6 日至 7 日举行的辽宁省委十三届六次全会上，审议通过了《中共辽宁省委关于深入贯彻落实习近平总书记在新时代推动东北全面振兴座谈会上重要讲话精神奋力谱写中国式现代化辽宁新篇章的意见》（以下简称《意见》）。《意见》明确了新时代"六地"目标的定位，旨在将辽宁省打造为国家重大战略支撑地、重大技术创新策源地、具有国际竞争力的先进制造业新高地、现代化大农业发展先行地、高品质文体旅融合发展示范地以及东北亚开放合作枢纽地。特别是在"打造高品质文体旅融合发展示范地"方面，辽宁省具有独特的红色文化资源，作为抗日战争起始地、解放战争转折地、新中国国歌素材地、抗美援朝出征地、共和国工业奠基地以及雷锋精神发祥地，这些资源的深度挖掘和利用，无疑是传承和弘扬精神力量的重要途径。当下，我们积极打造新时代"六地"文化文旅，积极响应习近平总书记的重要讲话精神。辽宁全面振兴的历史时刻已经到来，势头良好，前景光明。

一、辽宁"六地"文化文旅目前存在的挑战

辽宁"六地"文化文旅在推进地区文化遗产保护和旅游发展中面临多重挑战。首先，尽管辽宁拥有丰富的历史文化资源，但资源整合和联动机制尚未成熟，导致缺乏统一的规划和高效的资源配置。现有的文化资源散落各地，未能形成协同效应，影响了整体文化旅游项目的综合发展。其次，文旅

宣传相对局限，尤其在国际市场的营销策略和宣传渠道方面存在不足，制约了辽宁"六地"文化的国内外知名度。国际游客对这些文化遗产和旅游资源的了解较少，影响了对潜在游客群体的吸引力。再次，现有的文旅产品主要集中在传统观光和红色教育旅游方面，缺乏创新和多样性，难以满足不同游客群体的需求。服务设施在一些地区也未能完全满足游客的基本需求，影响了旅游体验的整体质量。又次，尽管"六地"具有深厚的历史文化背景，但对文化内涵的深入挖掘和创新性表达仍显不足。文化遗产在文旅发展的过程中，未能充分利用现代科技和创意手段，进行有效的展示和传播。最后，在发展文旅产业的过程中，缺乏可持续的环境保护和文化遗产保护策略，存在过度商业化和资源消耗的问题。这些问题不仅影响了文化遗产的长期保护和利用，还可能对环境造成负面影响。

要解决这些问题，需要采取更系统的策略和措施，以确保辽宁"六地"文化旅游在新时代的发展潜力得到充分发挥。首先，应加强资源整合和联动机制的建设，制定统一的规划，优化资源配置，提高文化旅游项目的整体效益。其次，增强文旅宣传力度，尤其是在国际市场上，制定有效的营销策略，利用多元化的宣传渠道提升辽宁"六地"文化的知名度和影响力。再次，创新文旅产品，开发多样化的旅游项目，以满足不同游客群体的需求。改进服务设施，提高游客的旅游体验质量。又次，应深入挖掘文化内涵，利用现代科技和创意手段进行创新性表达，使文化遗产在新的时代背景下焕发新的生机。最后，制定并实施可持续的环境保护和文化遗产保护策略，避免过度商业化和资源消耗，实现文化旅游的可持续发展。这些综合性的措施和策略，将有助于辽宁"六地"文化旅游的全面提升，确保其在新时代背景下持续发挥重要作用。

二、辽宁"六地"文化文旅打造方向

（一）雷锋精神发祥地

"在抚顺的每一天，我们都被一些东西深深感动，我们的思想与感情如潮水般奔放。"作为雷锋精神的发祥地，深入挖掘和广泛传播雷锋精神至关重要。因此，着眼于研究、陈列及宣传雷锋精神的核心场所——雷锋纪念馆，通过开发其文化旅游资源，弘扬雷锋的精神遗产。

雷锋纪念馆可以定期组织以雷锋精神为主题的志愿服务活动，将这些活动与雷锋日（3月5日）相关联，进行全年的规划。这些活动可以包括社区服务、环保项目、支教活动和老年人关怀等，不仅限于当地社区，还可以扩展到全省乃至全国的范围。通过这些活动，参与者不仅能够学习雷锋无私奉献的精神，还能亲身体验服务社会的实际行动，从而深刻理解雷锋精神的现代意义。雷锋纪念馆还可以开展面向学校和青少年团体的教育项目。与地区教育部门合作，将参观雷锋纪念馆纳入学校的道德教育课程。为教师和学生提供专门的教学材料和讲解服务，帮助他们在参观前后进行深入学习和讨论。可以举办学生绘画、作文和演讲等比赛，主题围绕雷锋精神和现代社会价值，激发学生们对雷锋精神的理解和个人反思。

雷锋纪念馆应定期更新展览内容和活动形式，引入新的展品和技术，保持展览的新鲜感和教育的有效性。通过与其他博物馆和文化机构如国内外有关志愿服务和社会责任的机构的合作，雷锋纪念馆可以不断扩大其影响力，使雷锋精神在更广泛的社会和文化背景下得到传承和发扬。

（二）共和国工业奠基地

中国工业博物馆不仅是展示工业遗产的场所，更是弘扬工业精神和科技创新意识的重要基地。这使其成为一个结合教育和文化旅游的关键节点，特别是在传递和体验辽宁及中国工业历史的过程中。

中国工业博物馆通过其工业遗产巡展，将辽宁省丰富的工业历史及其在全球工业框架中的贡献展现给更广泛的观众。这些展览不仅包括早期工业革命时期至现代的各类历史工业机器，还展示了现代化的工业设备和技术成就。通过巡展，博物馆不仅加深了参观者对工业技术历史发展的认识，还强化了其作为一个文化旅游目的地的吸引力。展览通过精心设计，利用多媒体和互动元素，提升了观展体验的教育和娱乐价值，成为文化旅游的一大亮点。科技互动工坊的设立进一步增强了博物馆的文化旅游体验。在这些工坊中，游客不仅能观察工业技术的历史演变，还可以亲手体验从传统工艺到现代制造的技术转变。这种参与式体验深化了游客对工业进步的理解，并且通过实际操作提升了文化旅游的互动性和教育意义。工坊定期举办的技术演示和交流研讨会，提供了一个学习和探索工业科技的平台，吸引了众多科技爱好者和专业人士参与。

这些举措使得中国工业博物馆不仅是展示中国工业成就的窗口，也是推广工业教育、促进科技交流与创新思维的文化旅游地标。通过对工业遗产的精心保护与创新展示，博物馆在促进工业技术教育、传承工业文化以及激发新一代的创新潜能中扮演着至关重要的角色。这些努力不仅增强了公众对工业历史的理解，而且激励了年青一代对科技创新和工业现代化事业的热情，进一步巩固了博物馆在国内外文化旅游领域的地位。

（三）解放战争转折地

辽沈战役纪念馆作为一个核心的历史教育场所，承担着通过创新方式弘扬和传承历史的重要责任。为了深化访客对辽沈战役重大历史事件的理解并增强文化旅游体验，纪念馆可以采纳一系列前沿的技术和参与式的教育方法。

纪念馆可以引入虚拟现实（VR）技术，创建一个沉浸式的历史体验。通过这种技术，访客可以"亲历"辽沈战役的关键战斗场景，从不同的视角感受战役的紧张和严峻，如从一个普通士兵的视角观察战场，或作为军事指挥官制定战术决策。这种体验不仅令人震撼，也能让历史的细节更加生动和具体，从而深化访客对事件的理解。增强现实（AR）应用的开发可以为访客提供实时的互动学习体验。通过扫描展览中的特定标记，访客的手机或平板设备上即时显示丰富的历史信息和动态图像，如战略地图、兵力部署和关键转折点的解析。这种技术不仅提高了展览的参与感，也使得历史学习更加直观和动态。

每年辽沈战役纪念日，纪念馆可以举办特别的文艺表演和历史讲座，邀请历史学家、军事专家和参战老兵分享他们的见解和故事。这些活动不仅是对历史的纪念，也是对战役精神的传承，能够激发公众特别是年青一代对历史的兴趣和爱国情感。

通过这些创新方法的实施，辽沈战役纪念馆将成为一个更加动态和互动的文化教育中心，不仅为国内外游客提供深刻的历史教育体验，也将进一步巩固其作为重要文化旅游地标的地位，吸引更多访客前来学习和体验。

（四）抗美援朝出征地

抗美援朝纪念馆作为记录和展示中国在抗美援朝战争中英勇斗争历史的重要场所，不仅承担着教育国人、传承精神的使命，同时也在文化交流和国际合作方面发挥着重要作用。为了进一步增强这一历史事件的生动性和教育意义，以及扩大其在国际上的影响力，可以采取如下的策略。

利用最新的 VR 技术，抗美援朝纪念馆可以提供一种全新的虚拟现场体验。通过这种沉浸式技术，游客可以"亲历"志愿军在抗美援朝战争中的关键战斗场景，如长津湖战役、两江堰战役等。这种体验不仅限于视觉上的再现，还包括听觉和触觉的模拟，如战场上的枪炮声、爆炸的震感等，让游客能够更全面地感受战争的紧张和严峻。VR 体验的设置应当精心设计，确保历史事件的准确性和情感的真实传达，使参观者在体验中获得深刻的历史感受和思考。为了增强博物馆的国际影响力，并促进中朝两国乃至更广泛国际社会的文化交流，抗美援朝纪念馆可以定期举办中朝文化交流活动。这些活动可以包括艺术展览、文化节、学术研讨会等，邀请来自朝鲜的艺术家、学者和文化代表参与，共同探讨和展示两国在抗美援朝战争中的共同历史和文化遗产。通过这种形式的交流，不仅能增进两国人民的相互理解和友谊，还能向国际社会展示抗战精神和和平的重要性。

纪念馆还可以开展针对国际游客的特别导览和教育项目，如多语种解说服务、国际学生的历史教育项目等。这些服务和项目的开展将帮助来自不同文化背景的游客更好地理解抗美援朝战争的历史背景和中国人民的英勇斗争，从而提升纪念馆的国际形象和吸引力。

通过这些策略将抗美援朝纪念馆打造成为一个推动国际文化交流、教育公众和传承抗战精神的重要平台。这些努力将有助于纪念馆在全球文化旅游中的定位，吸引更多国内外游客，同时促进对抗美援朝战争历史的深入理解和广泛认知。

（五）新中国国歌素材地

东北抗联史实陈列馆作为展示抗日战争中东北抗联英勇斗争的重要场所，致力于通过创新的展示和教育方式，深化公众尤其是年青一代对这段历史的认识和理解。通过运用 AR 技术和组织历史重现活动，该馆不仅增强了展览的互动性和教育性，还有效地吸引了更多年轻游客和学生团体。

利用增强现实技术，东北抗联历史陈列馆提供了一种创新的导览方式。游客可以通过自己的智能手机或馆方提供的手持设备，扫描展馆内的特定标记，即可在屏幕重现抗联战士的生活和战斗场景。这种技术不仅能使历史场景动起来，而且还能展示抗联战士的日常活动、战术演练甚至具体的战斗过程，如埋伏、夜袭等战术的应用。增强现实技术的应用，使得原本静态的展品和照片变得生动，极大地提升了访客的参与感和体验感，让他们能够更直观地理解和感受抗联战士的英勇斗争。定期组织的历史重现活动，如穿越剧场和历史重演，是另一项吸引年轻人和学生的有效方法。这些活动通常在重要的纪念日或假期举行，邀请专业的表演者和志愿者穿着当时的军装，重现重要的历史事件或日常战斗生活。例如，穿越剧场可能会让游客参与一个模拟的抗联营地生活中，体验收听密电、策划战术甚至进行简单的野外生存技能训练。这种互动体验不仅教育意义深远，还提供了强烈的情感体验，使游客特别是年轻人能够更深入地理解抗联精神和历史价值。

通过这些创新的展示和互动活动，东北抗联史实陈列馆极大地丰富了公众尤其是年青一代的历史教育体验。增强现实技术的应用和历史重现活动的举办，不仅使得历史学习变得更加生动有趣，也强化了参观者对抗日战争历史和东北抗联不屈不挠精神的理解和尊重。这些努力有效地将一个传统的历史陈列馆转变为一个活跃的历史教育中心，不仅增加了文化旅游的吸引力，也为传承和弘扬民族精神和爱国情怀做出了重要贡献。

（六）抗日战争起始地

为了最大化发挥"九·一八"历史博物馆在文化与教育方面的潜力，可以提高展览的互动性、教育项目的丰富性以及对展览内容保持持续更新，旨在通过多角度的方法提高历史的传播效果和教育价值。

"九·一八"历史博物馆可以定期举办历史讲座和研讨会，这些活动是推广历史知识和深化历史理解的重要平台。每月的特定日期，如18日，被设定为公开讲座日，专门讨论九一八事变及其对中日历史关系的长远影响。我们邀请了历史学家、学者、事变幸存者及其后代以及中日关系专家，围绕事件本身、中日历史关系、和平教育等主题进行深入探讨。同时，通过与地区学校的合作，将博物馆访问纳入学生的历史课程或社会实践活动，我们开发了教育工具包，包括博物馆教学指南、历史事件教案、互动问答等，帮助教师在课前准备和课后讨论。此外，为学生提供了专门的教育导览团，通过专业解说员深入解释展览内容，结合互动问答，增强了学生的历史学习和社会实践体验。"九·一八"历史博物馆可以提供一种全新的沉浸式参观体验。使用VR技术，我们开发了多视角的历史事件重现，允许游客通过头戴设备步入1931年的沈阳，目睹九一八事变的发生。这种体验设计了多个不同的视角，例如从普通市民、日本士兵、中国军人的视角出发，每个角色都提供了不同的故事线和情感体验，使参观者能够从多角度理解这一历史事件的复杂性和多样性。

为了持续吸引游客和学者，"九·一八"历史博物馆需要定期更新其展览内容。这包括根据最新的历史研究成果，更新展览中的信息，确保所展示的内容既准确又全面。同时，我们引入了临时展览和特别展览，例如探讨与九一八事变相关的国际事件、平行历史等，不断刷新展览内容，以吸引不同背景的游客。

以上文旅实践的探索不仅增强了各地文化遗产的展示效果，也极大地提升了公众参与感和教育价值，同时通过国际交流和特色活动，进一步扩大了辽宁省在国内外的文化影响力。通过这些综合性的努力，辽宁"六地"文化文旅的开发项目成功地将历史教育、文化保护与现代旅游需求相结合，为地区的全面振兴与文化传承提供了坚实的基础，展示了辽宁文化旅游的独特魅力和深远价值。

第二节　红色文旅线路

辽宁省是一片充满英雄气概与历史沧桑的土地，以其丰富的红色文化遗产和革命历史，独树一帜。为进一步丰富和提升辽宁的旅游资源，辽宁省推出了10条精品红色旅游线路，旨在让游客重温红色历史，传承奋斗精神，感受大国重器的力量，同时也助力乡村振兴，体验美丽乡村的魅力。通过这些多元化的红色旅游线路，不仅能展现辽宁省作为中国革命重要发源地的历史地位，也通过结合现代旅游的元素，激发了新时代公民对历史的认知与尊重，增强国家意识和文化自信。接下来，将对10条精品红色旅游线路进行讲解，并提出相关建议以优化和丰富游客的旅行体验。

一、线路一："致敬最可爱的人之旅"——抗美援朝战争线路

"致敬最可爱的人之旅"是一条为纪念抗美援朝战争英雄而设立的红色旅游线路，旨在通过一系列具有深远历史意义和国际影响的文化遗址，加深公众对这场战争的理解和对英雄的纪念。此线路以沈阳的抗美援朝烈士陵园为起点，延伸至丹东的抗美援朝纪念馆，并包括中国人民志愿军空军地下指挥所旧址、鸭绿江断桥以及青椅山机场等关键地点。每一站都生动诠释了抗美援朝战争中中国人民的英雄主义精神，展示了他们在战争中的英勇事迹和无私奉献。

该旅游线路精心设计，将沈阳和丹东市区至宽甸满族自治县的多个重要历史遗址连成一线，通过地理上的连续性和主题上的统一性，为游客提供了一条沉浸式的文化旅游体验。鸭绿江断桥和青椅山机场作为战争的直接见证，让游客得以近距离感受到战争的残酷以及和平的可贵。断桥残留的炮弹痕迹和机场上飞机起降的历史场景，都使游客对那段艰苦岁月有了更加直观的认识。这些历史遗址不仅是战争历史的见证，也是爱国主义教育的重要场所。为了更加有效地向游客传递抗美援朝的精神与历史，可以在现有的旅游线路中加入更多互动性项目。在抗美援朝纪念馆，游客可以通过丰富的历史

档案、真实的战争遗物以及生动的多媒体展示，深入理解战争的背景和历史意义。此外，在中国人民志愿军空军地下指挥所旧址，设置模拟体验区，让游客亲身体验当年战时指挥所的紧张气氛，感受指挥官在艰苦条件下如何制定战略决策。这种设计不仅增强了参与感和沉浸感，也使得历史教育更加生动和影响深刻。

通过这些精心设计的互动体验，游客能够更全面地了解抗美援朝战争的历史，进一步领会到那个时代中国人民的英勇与坚韧。此外，这条线路不仅是一次地理上的旅行，更是一次深刻的历史与文化教育之旅。通过对这些重要历史遗址的访问，游客能够更好地理解"抗美援朝，保家卫国"的主题，体会到战争中展现出的无畏与牺牲精神，以及和平年代的珍贵。这种全方位的体验，不仅丰富了游客的知识和情感，更在潜移默化中提升了公众的爱国情怀和历史责任感。通过这样的文化旅游线路，抗美援朝精神得以更广泛地传递和弘扬，成为新时代人们心中不可磨灭的精神丰碑。

二、线路二："弘扬抗战精神之旅"——中国人民抗日战争线路

这条线路旨在通过访问辽宁省内的一系列重要抗日战争遗址和纪念场馆，深化公众对这段历史的理解与感悟。此线路不仅是对中华民族在近代历史中争取独立自由的一次深刻回顾，也是一次关于民族记忆与历史教育的旅行。该线路从沈阳"九·一八"历史博物馆开始，接着参观沈阳二战盟军战俘营旧址陈列馆、审判日本战犯法庭旧址陈列馆，这些地点不仅展示了抗战时期的艰苦斗争，还反映了战后对侵略者的审判和正义的实现。

继续前往三块石革命文物片区和战犯管理所旧址陈列馆，游客可以更加深入地了解当地人民在抗日战争中所扮演的角色以及战争留下的深刻影响。随后，路线将游客带到田庄台甲午末战遗址群、歼灭侵华日军古贺联队遗址、大鹿岛甲午海战旧址，以及黑岛甲午海战遗址，这些重要的历史地点不仅讲述了早期的甲午战争，也串联了中华民族自强不息、抗争外侵的历史脉络。

为了进一步丰富游客的体验并深化对抗战精神和国际合作重要性的理

解，建议在现有旅游线路中增加对苏军烈士陵园和苏军烈士纪念塔的详细介绍和讲解。同时，也可以考虑与历史学家或者战争老兵合作，定期在这些地点举办小型的研讨会或见证分享会，让游客有机会直接从历史见证人那里听到一手的故事，从而更加生动和真实地理解历史事件及其影响。这种深度的历史教育将使得旅游体验更加丰富和多元，不仅能帮助游客在旅程中增长知识，更能激发游客与其深层次的情感共鸣。

这条线路的设计巧妙地将教育与旅游融为一体，使游客在遍访这些历史地标的同时，能够感受到历史的厚重感和时间的流转，对中华民族在抗日战争中展现出的不屈不挠和英勇奋斗有了更为深刻的理解和体验。

三、线路三："弘扬抗联精神之旅"——东北抗联战争线路

"弘扬抗联精神之旅"——东北抗联战争线路，是一条专门为纪念和学习东北抗联英勇斗争精神而设计的教育性文化旅游线路。这条线路包含了沈阳"九·一八"历史博物馆、北大营营房旧址、沈阳二战盟军战俘营旧址陈列馆、审判日本战犯法庭旧址陈列馆、三块石抗联遗址、东北抗日义勇军纪念馆、东北抗联史实陈列馆、抗联学院关门山基地、杨靖宇纪念馆、抗联第一路军西征会议遗址以及宽甸四平乡政府等关键地点。这些景点不仅在地理上相互关联，形成了一条历史的纽带，也在文化上相互补充，共同讲述了一段充满挑战与英勇的历史。

每个景点都通过翔实的展览和讲解，展现了东北抗联的历史地位和在中华民族抗日战争中的重要角色。从沈阳"九·一八"历史博物馆的深入介绍，到北大营营房旧址和沈阳二战盟军战俘营旧址陈列馆的真实展示，以及审判日本战犯法庭旧址陈列馆的法律与正义课题，再到抗联学院关门山基地和杨靖宇纪念馆的个人英雄主义教育，每一站都使游客对这段历史有了更全面的认识和深刻的情感体验。

在此基础上，此条文旅线路可以融入更多互动体验和参与式活动，如战地重现演练、历史讲座和主题研讨会，使游客不仅是旁观者，更是亲历者，能够在实地的历史环境中更加深刻地理解和感受抗战时期人民的生活状态和

斗争精神。这种设计有效地将教育性和娱乐性结合，提升了游客的参与度和满意度，同时也加深了公众对抗联精神的认知和传承。

四、线路四："雷锋辽宁足迹之旅"——弘扬雷锋精神线路

该线路专为纪念和传承雷锋精神而设计，是一条富有文化内涵的旅游线路。该线路精选了辽宁省内与雷锋生活和工作密切相关的地点，包括辽阳雷锋纪念馆、鞍钢集团博物馆、抚顺雷锋纪念馆、抚顺雷锋学院、铁岭雷锋纪念馆及蒸汽机车博物馆。每个景点都通过展览和互动体验深入展示了雷锋的生平事迹和雷锋精神的时代价值，使游客能够更全面地了解雷锋的人生故事及其无私奉献的精神。

为了进一步增强该旅游线路的教育性和互动性，建议增设若干特色项目。首先，可以在抚顺雷锋学院设立"雷锋精神主题工作坊"，参与者将有机会参加以雷锋精神为核心的社会服务活动，如社区服务或环境清洁，通过实践活动亲身体验和践行雷锋的奉献精神。其次，建议引入雷锋生活重现体验项目，利用VR技术在雷锋纪念馆内重现雷锋的日常生活和工作环境，使游客能够通过沉浸式体验直观感受到雷锋的日常行为和精神实质。最后，建议在各大纪念馆内定期举办雷锋故事讲座和相关电影放映活动，邀请雷锋生前的同事或当代道德模范分享关于雷锋的故事以及雷锋精神在当代社会的应用。这些活动不仅能增加文化的深度，还能增强雷锋精神的传播力和感染力。

通过上述举措，该旅游线路将不仅仅是对雷锋生平事迹的展示，更将成为一个教育和启迪的载体。游客不仅能在参观中深入了解雷锋的伟大事迹，更能在互动和实践中体会到雷锋精神的核心价值。这种结合历史、文化和现代科技的方式，不仅提高了旅游线路的吸引力，也为雷锋精神的现代传承提供了新的平台和途径。雷锋精神在这种体验式旅游中的传承，不仅有助于提升游客的道德素养和社会责任感，也为社会传播积极的价值观念提供了有效途径，彰显了文化旅游在社会教育和文化传承中的独特作用。

五、线路五："不忘初心教育之旅"——中国共产党在辽宁的早期活动线路

该线路包含辽宁省内一系列与中国共产党的历史紧密相关的地点，从大连中华工学会旧址到关向应纪念馆、黄显声故居纪念馆、中共满洲省委旧址纪念馆、铁岭银冈书院、任国桢故居到中共沟帮子铁路支部纪念馆等重要历史遗址，每一个地点都是中国共产党在辽宁发展史上的一个重要篇章。

该线路的设计意图在于向游客展示中国共产党自 1921 年建党初期至 1937 年抗战全面爆发前，在辽宁如何积极开展革命活动。这包括了在大连等城市中传播共产党的理念、在工人中间开展革命运动、在农村和城市建立党的基层组织，以及如何通过各种政治活动和社会实践，为辽宁乃至中国的新民主主义革命奠定基础。通过每个景点翔实的展览和讲解，游客能够深入理解党的初期活动对于当地社会政治发展的深远影响。

为了增强这条线路的教育性和互动性，建议加入更多的参与式活动和现场体验项目。例如：在中华工学会旧址，可以通过互动展览重现 20 世纪 20 年代的学生运动场景；在关向应纪念馆，组织纪念讲座和研讨会，让历史学者和参观者就早期党的活动进行交流讨论；在铁岭银冈书院，举办革命传统教育班，向公众讲解中国共产党的组织原则和党的基本理论；等等。

六、线路六："新中国工业摇篮之旅"——辽宁工业文明线路

"新中国工业摇篮之旅"深入探索了辽宁作为新中国工业的发源地，具有举足轻重的历史地位。这条线路精心连接了沈阳工业博物馆、沈阳铁路陈列馆、沈飞航空博览园、华晨宝马铁西工厂、鞍山钢铁集团、旅顺船坞局旧址、大连造船厂、大连甘井子煤码头和大连有轨电车制造工厂等关键工业遗址。每一站都讲述了辽宁在新中国工业化进程中的重要角色，展示了如何从一个农业大省转型为"新中国的装备部""东方鲁尔"和共和国的"工业长子"，这些遗址不仅记录了辽宁悠久的工业历史，还影射出中国工业的飞速

发展和现代化成就。

这条线路每一个站点都不仅展示了辽宁在工业技术、生产能力和创新精神方面的领先地位，也向游客展示了工业进程中的历史变迁和技术进步。

为了增强这一旅游线路的吸引力和教育意义，可以融入更多的文旅元素，如设置互动体验区，允许游客亲手体验过去工业生产的操作方式，和在大连有轨电车制造工厂里模拟电车组装流程。此外，结合现代科技手段如虚拟现实（VR）技术和增强现实（AR）技术，在沈飞航空博览园中重现飞机制造的全过程，让游客在享受视觉和听觉盛宴的同时，深入了解航空制造的复杂技术和精细工艺。

七、线路七："解放战争红色之旅"——爱国主义教育线路

"解放战争红色之旅"作为一条专门设计的爱国主义教育线路，精心串联了辽西地区在解放战争中具有重要意义的遗址。这条线路从加碑岩乡黄木杖子村开始，途经塔山革命烈士陵园、辽沈战役烈士陵园、解放锦州烈士陵园，延伸至翠岩镇牤牛屯村、黑山烈士陵园、毛岭沟风景区，最终抵达秀水河子战役纪念馆和东北解放纪念碑。这条线路不仅回顾了解放战争中具有决定性意义的辽沈战役，还深入探讨了辽西人民在战争中展现出的非凡勇气和不屈不挠的抗战精神。

为了进一步丰富游客的体验，并加深他们对解放战争历史的理解，可以在"解放战争红色之旅"中的关键站点设立特色教育项目。例如，在解放锦州烈士陵园，可以设立户外影像展播区，播放关于解放战争的纪录片和展示老照片。通过这些强有力的视觉影像，游客能够更直观地感受到历史的严肃性和战争的残酷，增强其情感共鸣和历史认知。此外，在每个重要的战争遗址，如塔山革命烈士陵园，可以配备专业的历史解说员进行现场解读。解说员将详细介绍战争背景、遗址的历史意义及其在战争中的关键作用，使游客不仅从视觉上接收信息，还能通过专业的解读更深入地理解每个地点背后的历史故事和精神传承。通过这种方式，历史教育不仅变得更加生动和感人，还能够帮助游客形成对历史事件的深刻感知和理解。

进一步来说，这样的安排可以通过多维度的教育手段，让游客在参观过程中不仅仅是被动接收信息，而是通过参与互动，主动思考战争的影响和历史的教训。这种互动体验不仅提升了旅游线路的教育功能，还促进了游客对爱国主义精神的深刻理解和认同。此外，为了增强线路的吸引力和教育效果，还可以在各个重要站点组织主题活动，如战役重演、互动式战争模拟体验等。这些活动能够让游客在亲身参与中感受到历史的厚重和战争的艰辛，从而更加珍惜和平年代的来之不易。"解放战争红色之旅"不仅是对辽西地区解放战争历史的回顾，更是对爱国主义精神的传承与弘扬。通过在关键站点增设户外影像展播区和配备专业历史解说员，历史教育可以更加生动和感人，帮助游客形成对历史事件的深刻感知和理解。同时，通过组织多样化的互动活动，进一步提升线路的教育功能和游客的参与度。这种多层次、多角度的历史教育模式，不仅能够增强游客的历史认知，还能够培养其爱国情怀和社会责任感，为社会和谐发展贡献积极力量。

八、线路八："近代工业文明之旅"——辽宁工业遗址旅游线路

"近代工业文明之旅"是一条专门设计的辽宁工业遗址旅游线路，精选了阜新海州露天煤矿、抚顺西露天煤矿和本溪湖煤铁公司等重要工业地点，串联了辽西和辽中地区的代表性工业遗址。这条线路不仅展示了辽宁省煤矿资源的丰富性和辽宁人民在工业发展中展现出的坚韧和奉献精神，还让游客领略到亚洲第一大露天煤矿的壮观景象。通过访问这些工业遗址，游客将有机会深入了解辽宁省作为中国工业重镇的历史地位，体验到从煤炭开采到钢铁生产的整个工业链的运作。在阜新海州露天煤矿和抚顺西露天煤矿，游客可以直接观察开采过程和矿区的日常运作，这些体验将极大地增强旅游的互动性和教育意义。

为增强这条线路的文旅吸引力，建议在各大工业遗址增设专门的导览解说，配备多语言解说服务，满足不同国籍游客的需求。同时，可以开展主题摄影活动，鼓励游客拍摄工业景观，通过摄影比赛等形式展示和赞美辽宁的工业美景。通过这些举措，"近代工业文明之旅"不仅为游客提供了一次深

入了解辽宁工业发展的机会，也成为一次充满教育意义和视觉享受的文化旅行，强化了游客对辽宁工业遗产的认识和赞赏。

九、线路九："辽西乡村振兴之旅"——感受辽西乡村旅游线路

"辽西乡村振兴之旅"将辽宁西部地区的自然景观与丰富的文化遗产有机结合，为游客提供了一次深入探索地方传统与自然美景的独特机会。此旅程精心选定了多个具有代表性的乡村地点，如大黑山特别管理区的西苍村、上园镇的沟口子村、平房子镇的小营村、细河区的黄家沟村、佛寺镇的佛寺村、牤牛屯村以及大铁厂村等。这些村落不仅展示了辽西地区在历史演进中形成的独特文化特色，还反映了当地社会在乡村振兴过程中的变迁和发展。

这条线路不仅是对自然风光的探索，更是一场对辽西乡村社会文化的深度了解之旅。每一个停靠点都体现了从传统农业生活向现代乡村旅游发展的转变，其中包括了全国乡村旅游重点村和中国美丽乡村典范。为了增强游客的体验，线路中融入了多元化的活动，如参与农作、探访古老的手工艺作坊以及品尝地道的地方美食。这些活动不仅丰富了游客的旅行体验，也使他们能够切身体会到乡村生活的多样性和丰富性。为了进一步提升文化体验的深度，可以在此线路中设置一些特色文化体验活动。例如，安排游客参与当地传统节日庆典，使其亲身体验民俗活动和节日氛围，从而更深入地理解当地的社会文化背景和人文精神。此外，通过与当地居民的互动交流，游客可以更真实地感受到乡村社区的日常生活和乡村振兴背后的故事。这种直接的交流与互动，不仅拉近了游客与当地居民的距离，也有助于游客对乡村社会文化形成更为立体和全面的认识。

通过这些精心设计的活动和互动，辽西乡村振兴之旅不仅展示了自然与文化的双重魅力，也为游客提供了一个深刻理解乡村社会文化变迁的机会。这种旅游方式不仅促进了文化的传播与交流，还在一定程度上推动了当地经济的发展，彰显了乡村振兴战略在提升农村经济和社会发展的重要作用。通过将文化体验与自然景观有机结合，这条线路成功地将旅游体验提升到一个

新的高度，使其成为探索辽西地区自然与人文魅力的重要窗口。

十、线路十："美丽乡村体验之旅"——感受辽宁生态旅游线路

"美丽乡村体验之旅"通过精心设计的线路，邀请游客深入辽宁省最迷人的乡村景观，体验一系列独特的活动和深度的文化交流。线路从稻梦空间的宁静农田开始，途经花溪地温泉生态乐园的恬淡风光，最终抵达本溪关门山森林公园的壮观自然景观。此线路的设计旨在全面展示辽宁乡村生活的精髓和该地区丰富的自然资源，体现辽宁省在实施休闲农业和乡村旅游精品工程方面的努力。通过开发家庭农场和休闲现代农庄等新业态，丰富"旅游＋"产品供给，突出"旅游＋文化"品牌建设，充分利用辽东生态旅游资源，支持乡村旅游"后备箱工程"和旅游商品开发，使地域特色文化变得可触摸、可体验。

此旅程不仅仅是一次传统的观光旅行，而是一场与当地社区深度互动的生活体验。为了增强游客对当地文化的探索和体验深度，可以在大梨树村和獐岛村等地设置互动活动，使游客有机会与当地居民共同参与农耕活动，亲身体验传统农业生活方式，了解农作物从种植到收获的全过程。此外，游客还可以在东滩村参加渔民的日常捕鱼活动，真实体验海上生活的场景。这些活动安排旨在通过实际参与，使游客深入理解当地的生活和生产方式，从而增强对乡村文化的认同感和归属感。

通过上述安排，"美丽乡村体验之旅"不仅展示了辽宁省丰富的自然和文化资源，还通过互动和体验使游客能够真正融入当地社区的生活。这种沉浸式的旅游方式，不仅丰富了游客的旅行体验，还有效地传递了辽宁的文化价值和生态意识。通过增强与当地居民的互动，游客可以获得更深刻的文化理解和情感连接，同时也促进了当地经济的发展和文化的传播。这样的旅游体验，不仅能够吸引寻求深度文化体验和亲近自然的游客，还能够为辽宁省的乡村振兴和旅游业的发展提供强有力的支持，进一步提升辽宁乡村的品牌形象和吸引力。

第三节　文化遗产保护与利用

辽宁省历史悠久且文化资源丰富，从早期的人类活动痕迹到红山文化的繁荣景象，每一层历史沉积都凸显了辽宁在中国文明发展中的重要角色。近年来，辽宁省在全面提升文物保护利用和文化遗产保护传承水平上取得了显著成就，形成了守护历史文脉、传承中华文明的浓厚氛围。这不仅体现在对文化遗产的科学保护上，还通过文化与旅游的深度融合，开拓了新的文旅融合发展路径。

目前，辽宁省在文化遗产保护和利用方面展现了积极的态度和创新的方法。辽宁省博物馆等文化机构的现象级展览如"又见大唐""唐宋八大家""和合中国"，吸引了近百万海内外观众，这些展览不仅展示了辽宁丰富的文化遗产，也成为推动文化旅游发展的重要力量。沈阳现代化都市圈博物馆联盟的成立，进一步整合了区域文化资源，通过联合办展、文化挖掘和文创研发，加强了地区间的文化交流和合作。并且，持续开展非遗进校园、进社区公益惠民活动。2023 年，全省共完成非遗进校园、进社区公益惠民活动100 场，惠及学生群众约两百万人次。

在文化旅游的视角下，对这些遗产的保护和利用不仅是对历史的尊重和传承，也是推动地区经济发展和文化自信的重要手段。对于文化遗产的保护与利用，既要保证科学保护也要做到合理利用。首先，文化遗产的科学保护是基础。针对辽宁省众多的历史遗址，制定专门的保护规划和管理措施至关重要。这包括对遗址进行适当的保护和修复，以及限制不当的旅游活动和商业开发，确保遗址的完整性和历史真实性。例如，营口金牛山猿人遗址作为重要的古人类活动证据，应加强保护措施，避免自然腐蚀和人为破坏。同时，利用现代技术手段，如 3D 扫描和数字建模，对重要文物进行数字化记录，这不仅为科研提供了便利，也为公众教育和虚拟展览创造了条件。其次，在文化遗产的利用方面，创新和多元化是关键。将辽宁的历史遗址转化为旅游资源，通过专业的旅游路线设计和主题活动的开展，可以让游客在体验辽宁丰富历史的同时，也参与到文化的传承中来。例如，开发以辽宁古代文明为主题的旅游线路，结合遗址讲解、文化体验工作坊和互动式展览，使游客在游览的过程中深入了解辽宁历史文化的发展脉络。

特别是对于红山文化这样具有独特艺术价值和历史意义的文化遗产，可以通过复制品的制作和销售、工艺品体验活动等方式，让游客在亲身体验中感受古人的智慧和技艺。同时，结合地方节庆活动，如举办红山文化艺术节，展示红山时期的服饰、音乐、舞蹈和生活场景，不仅增强了文化体验的吸引力，也促进了地方文化的传播和发展。对于一些地理位置较偏远或不宜大规模开发的遗址，如营口金牛山猿人遗址，开发虚拟旅游体验，利用 VR技术重现遗址的历史场景，提供给无法亲临现场的游客一个了解和体验的机会，这不仅保护了遗址的物理状态，也拓宽了文化传播的途径。

辽宁省的历史文化资源是研究中国古代文明的宝贵财富，通过科学合理的保护和创新多元的利用，可以更好地传承和发扬辽宁乃至中国的历史文化，同时为推动地方经济和文化旅游发展提供新的动力。

第四节 景区规划与改造

辽宁省的景区规划与改造紧密结合了其丰富的自然和文化资源，力图实现文化与旅游的深度融合，从而推动区域经济和社会的全面发展。辽宁省地理位置独特，坐拥丰富的自然景观和深厚的历史文化积淀，使其在旅游资源方面拥有得天独厚的优势。辽宁省地处中国东北，地理构造呈现出北部高海拔山地与南部低海拔平原的阶梯状分布，东西两侧由山地和丘陵环绕，形成广阔的平原地带。这种地形的多样性带来了丰富的自然景观和生态系统，包括森林、湿地、草地、水域及海洋。千山和天然形成的弥勒大佛等标志性自然景观，不仅展示了辽宁的自然魅力，还反映了自然景观与宗教文化的深度融合。此外，鸭绿江作为重要的自然资源和历史文化符号，承载了中朝两国共同的历史记忆，成为辽宁省独特的旅游名片。

在自然资源方面，辽宁省拥有丰富的森林、草地、湿地、水系及海洋等多样的生态系统。这些资源不仅为野生动植物提供了栖息和生长环境，还为社会带来了生态、经济及社会效益。辽阔的森林资源为生物多样性的保护提供了重要支持，湿地和河流体系在水循环调节和水质净化中发挥着关键作用。辽宁长达 2110 公里的海岸线，展现了丰富的岸线和自然景观资源，各季节展示的独特自然景观，为旅游者提供了非凡的体验，丰富的动植物资源也为自然保护区与生态旅游项目提供了宝贵的资源。在历史文化方面，辽宁省积淀了丰富的历史遗迹和文化资源。作为中华文明的重要发源地之一，辽宁省拥有众多的历史遗址、古建筑和文化遗产。这些历史文化资源不仅见证了中国悠久的历史，还为现代文化创意产业的发展提供了坚实的基础。例如，辽宁省的沈阳故宫、清昭陵等历史遗迹，既是重要的旅游景点，也是研究历史文化的重要场所。此外，辽宁省的民俗文化和宗教信仰也为旅游资源的多样性增添了独特的色彩，各种传统节庆和民俗活动吸引了大量游客，丰富了旅游体验。

由于具备显著的生物多样性和生态功能，辽宁省的自然资源广泛分布，这些资源为区域生态系统提供了多元化的生态服务功能。辽宁省的气候多变，各季节展示独特的自然景观，为旅游者提供了丰富多彩的旅游体验。春季的花海、夏季的森林、秋季的草地和冬季的冰雪景观，各具特色，吸引着大批游客前来观光。此外，丰富的动植物资源为自然保护区与生态旅游项目提供了珍贵的资源，为区域生态系统的可持续发展奠定了坚实的基础。辽宁省位于多个植物和动物地理分布区的交汇处，拥有丰富的生物种类和独特的生态系统构成。作为生物多样性维护的重要地区，辽宁在自然保护区的设立与管理方面发挥着核心作用。通过对生态旅游项目的开发与推广，辽宁不仅有效地保护和传承了宝贵的自然遗产，还极大地提高了公众的环境保护意识和生态文明观念。这些努力不仅对全球生物多样性的保持具有关键影响，也是辽宁生态文明建设的重要组成部分。

在推动文化与旅游深度融合的过程中，辽宁省采取了一系列有力的措施。通过科学规划和精心设计，将文化元素融入旅游景区的开发和改造中。例如，沈阳的盛京皇城文化旅游景区不仅展示了丰富的历史文化资源，还通过各种文化活动和互动体验提升了游客的参与感和满意度。大连的金石滩国家旅游度假区则利用其优越的自然环境和海岸资源，打造了一个集休闲、度假、文化体验于一体的综合旅游目的地。为了进一步提升旅游业的竞争力，辽宁省还注重景区设施的现代化和服务的专业化。通过引进先进的管理理念和技术，提升景区的基础设施建设水平和服务质量。例如，在千山风景区，采用现代化的管理和运营模式，提高了景区的运营效率和游客满意度。此外，辽宁省还积极推动智慧旅游的发展，通过大数据、人工智能等技术手段，实现旅游信息的智能化管理和服务，为游客提供更加便捷和高效的旅游体验。

在文化创意产业的发展方面，辽宁省充分利用其丰富的自然和文化资源，推动文旅融合的创新发展。通过举办各种文化节庆、艺术展览和创意设计大赛等活动，吸引了大量的国内外游客和投资者，促进了文化创意产业的繁荣发展。例如，沈阳铁西红梅文创园作为辽宁省文化创意产业的代表性项目，通过展示艺术的多样化应用，将传统工业遗产转型为现代文化创意产业基地，极大地提升了区域文化创意产业的整体水平。

在具体的景区规划和改造方面，辽宁省采取了一系列政策和措施，以推动文化与旅游的深度融合和创新发展。根据"十四五"文化和旅游发展规划，辽宁省将高举中国特色社会主义伟大旗帜，深入贯彻党的十九大及其历次全会精神，以习近平新时代中国特色社会主义思想为指导，全面贯彻党的基本理论、基本路线和基本方略，推动文化事业、文化产业和旅游业的高质量发展。辽宁省在景区规划和改造过程中，应始终坚持因地制宜的原则，充分利用各地景区独特的文化底蕴和丰富的旅游资源特点，制定具体的发展方案，以实现区域内旅游业的高质量发展。具体来说，辽宁省应在不同类型的景区采取差异化的发展策略和措施，确保各景区的特色和优势得以充分发挥。

历史文化遗迹类景区应高度重视保护和传承历史文化。在这些景区中，政策侧重于提升展示和解说设施，通过引入现代化的展示技术，如数字化展览和互动导览系统，使得历史文化遗产更加生动和易于理解。此外，景区还通过丰富文化体验项目，如复原历史场景、开展传统工艺展示和组织文化活动，吸引游客深入了解和参与文化遗产的保护和传承中。例如，沈阳故宫在保留其历史风貌的基础上，增加了多媒体展示和现场互动表演，极大地提升了游客的参观体验。

对于自然风光类景区，辽宁省注重生态环境保护和可持续发展。政策强调开发生态旅游项目，致力于打造独具特色的生态旅游品牌。在这些景区中，通过严格控制开发强度，保护原生态环境，实施科学的生态管理措施，确保自然资源的可持续利用。同时，景区积极开发生态旅游项目，如自然教育、生态探险和环保活动，增强游客的环境保护意识。例如，盘锦红海滩景区通过设立生态观光区和湿地保护区，提供生态导览服务，向游客普及湿地生态知识，促进了生态保护和旅游发展的双赢。

在推动文化和旅游深度融合、创新发展方面，辽宁省着力将文化因素融入旅游体验，增强景区的吸引力和竞争力。通过文化表演、展览和互动等多种形式，丰富游客的旅游体验，提升文化内涵的吸引力。例如，大连的金石滩国家旅游度假区不仅提供海滨休闲度假服务，还通过举办海洋文化节、海洋生物展览等活动，将海洋文化融入旅游体验中，吸引了大量游客。此外，景区还引入了 VR 技术，开发了沉浸式的海洋探险项目，让游客在享受自然风光的同时，体验到高科技带来的独特魅力。

政策还鼓励景区在创新发展方面不断探索，提升自身的竞争力和吸引力。例如，本溪的五女山景区通过引入先进的管理和运营模式，不断提升服务质量和游客满意度。景区还开发了多条特色旅游线路，如历史文化游、生态探险游等，满足了不同游客的需求。同时，景区积极开展品牌建设，通过多渠道的市场推广和宣传，提高了景区的知名度和美誉度。在景区规划和改造中，辽宁省还注重资源整合和协同发展。通过将区域内的自然景观和文化资源进行有机整合，形成具有整体吸引力的旅游目的地。例如，辽宁省将辽河流域的自然景观和文化遗产相结合，打造了一系列具有地方特色的文化旅游线路。通过改善交通基础设施、提升旅游服务质量，促进了区域内各景区的联动发展，增强了整体吸引力。此外，辽宁省还积极推动智慧旅游的发展，通过大数据、人工智能等现代技术手段，实现旅游信息的智能化管理和服务。智慧旅游平台的建设，不仅提高了景区的管理效率，还为游客提供了更加便捷的旅游服务。例如，游客可以通过智能手机应用获取景区的实时信息、预订门票和导览服务，享受到更加便捷和个性化的旅游体验。

总之，辽宁省在景区规划和改造方面，通过因地制宜的发展策略，注重历史文化遗迹类景区的保护和传承，自然风光类景区的生态保护与可持续发展，文化与旅游的深度融合和创新发展，不断提升景区的吸引力和竞争力。这些措施不仅推动了辽宁省旅游业的高质量发展，也为区域经济和社会的发展注入了新的活力。

辽宁省在景区规划与改造中，注重因地制宜，充分发挥其丰富的自然和文化资源，通过创新理念和实践，实现文化与旅游的深度融合，推动区域经济和社会的全面发展。以下从专家角度探讨辽宁省在这一领域的战略和具体举措。辽宁省景区规划的首要策略是优势叠加与资源整合。通过将文化景点与自然景点相结合，辽宁打造了多条具有文化深度和自然美景的旅游线路。例如，沈阳故宫与周边的自然景区联动，形成了一条兼具历史文化与自然风光的旅游线路。游客可以在一天之内既参观历史遗迹，又享受自然美景。这种旅游线路的设计，不仅丰富了游客的体验，也提高了景区的吸引力。辽宁省还致力于提升景区间的配套设施联动，通过改善和升级交通、住宿、餐饮等基础设施，提升游客的满意度和停留时间。在辽东半岛的旅游开发中，政府投资建设了便捷的交通网络，连接多个景区，使游客能够轻松游览多个景点。同时，景区内的配套服务设施也得到了显著提升，如盘锦红海滩的生态观光区配备了完善的游览和休息设施，为游客提供了更加舒适的旅游体验。

在自然风光类景区的开发中，辽宁省高度重视生态环境保护和可持续发展。政策强调生态友好的管理措施和开发强度的严格控制，确保自然资源的可持续利用。例如，在千山风景区，采取了一系列环保措施，如限制游客数量、建立生态保护区和推广环保旅游项目，确保自然环境得到有效保护的同时，提供高质量的旅游服务。辽宁省着力将文化因素融入旅游体验，通过举办各种文化表演、展览和互动活动，丰富游客的旅游体验，增强文化吸引力。例如，大连金石滩国家旅游度假区不仅提供海滨休闲度假服务，还通过举办海洋文化节和海洋生物展览，将海洋文化与旅游体验相结合。景区还应开发沉浸式海洋探险项目，极大地提升游客的参与感和满意度。

此外，政策还鼓励景区与当地居民和企业合作，共同发展旅游产业，实现经济效益和社会效益的双赢。在丹东市，政府支持当地居民参与鸭绿江沿岸旅游项目的开发，通过经营特色民宿、餐馆和手工艺品店，增加了居民收入，同时丰富了游客的旅游体验。

在推动文化创意产业与旅游产业结合方面，辽宁省开发了多种具有地方特色的文化创意产品，如手工艺品、纪念品和特色食品，丰富了旅游产品的种类和层次。在抚顺市，政府鼓励企业开发以满族文化为主题的创意产品，并在旅游景区内设立销售点，既满足了游客的购物需求，又推动了地方文化创意产业的发展。

综上所述，辽宁省在景区规划与改造中，通过优势叠加、资源整合、配套设施联动、生态保护、文化融合、创新发展和智慧旅游等多方面的举措，全面提升了景区的吸引力和竞争力。这些战略和措施不仅实现了文化与旅游的深度融合和创新发展，还为区域经济和社会的发展注入了新的动力。辽宁省的实践为其他地区提供了宝贵的经验和借鉴，推动了中国旅游业的高质量发展。

第五节　民族文化推广

文旅融合是一种将文化与旅游资源有机结合的发展模式，对民族文化的传承和创新具有积极的影响。通过将文化元素巧妙地融入旅游景点和活动中，不仅能提升旅游体验，还能推动文化产业的发展和创新。以下将从多个方面探讨文旅融合如何促进民族文化的传承与创新。

一、民族文化的深度体验与传承

文旅融合作为一种将文化与旅游资源有机结合的发展模式，在促进民族文化传承和创新方面发挥着重要作用。通过在景区规划和展示中融入优秀传统文化、革命文化和工业文化等元素，游客在旅游过程中能深刻感受到历史的厚重和文化的魅力。例如，通过复原历史场景、举办传统节庆和文化表演，游客可以更加深入地了解和体验当地的文化传统，这不仅提升了游客的文化素养，还增强了游客对民族文化的认同感和自豪感。辽宁省在这方面做出了积极探索，满族、朝鲜族、回族等多个少数民族共同生活在这片土地上，他们的历史记忆、生活习俗和美学追求共同构成了辽宁独特的文化特质。为了实现文化传承，辽宁省将这些民族文化元素融入旅游开发中。例如，在沈阳故宫景区，通过展示满族的宫廷生活和文化习俗，游客可以深入了解满族文化的独特魅力，从而增强景区的吸引力。此外，辽宁省还通过举办各种文化活动，如满族的传统婚礼表演、朝鲜的民族舞蹈展示等，让游客亲身体验这些民族的风俗和习惯，丰富了旅游内容，提供了独特的文化体验，进一步增强了景区的吸引力和文化价值。辽宁省的文旅融合策略还包括开发具有地方特色的文化产品和体验项目，例如结合满族、朝鲜族等民族的传统手工艺，开发具有浓郁地方特色的纪念品和手工艺品，吸引游客购买和收藏，从而促进当地手工艺的发展和传承。在推动文旅融合的过程中，辽宁省注重保护和传承非物质文化遗产，通过建立非遗保护中心和传统工艺工作坊，为传统技艺提供展示和传承的平台，并鼓励民间艺人传授技艺，培养新一代传承人，确保非遗文化得以延续。文旅融合不仅在文化传承方面具有重要意义，也为旅游业的发展注入了新的活力，通过提升旅游景区的文化内涵，增加了旅游的深度和广度，吸引了更多游客前来体验。辽宁省的实践表明，文旅融合不仅可以提升旅游景区的吸引力和文化价值，还能推动文化创意产业的发展，实现经济效益和社会效益的双赢。

二、文化创意产业的创新与发展

文旅融合为文化创意产业带来了新的发展机遇。通过结合地方特色和民族文化元素，开发出独具魅力的文化衍生品和体验项目，吸引更多游客和消费者，推动文化产业的蓬勃发展。例如，在旅游景区中推出具有民族特色的手工艺品、纪念品和地方特色食品，不仅丰富了旅游产品的种类和层次，还提升了文化产业的附加值。辽宁省政府积极推动文化创意产业与旅游产业的结合，通过举办各种文化节庆、艺术展览和创意设计大赛，吸引大量游客和投资者。例如，盘锦市的红海滩风景区通过举办湿地文化节和生态摄影大赛，不仅展示了独特的湿地景观，还推广了湿地保护理念，提升了景区的文化内涵和吸引力。文旅融合在促进旅游业可持续发展方面也发挥了重要作用，通过充分挖掘和利用文化资源，开发出具有独特魅力和吸引力的旅游产品和线路，吸引更多游客前来参观和体验，推动旅游业的繁荣。例如，结合历史文化和自然景观，设计出多条文化旅游线路，让游客在欣赏美丽风景的同时，深入了解当地的文化历史。这种综合性的旅游体验，不仅丰富了旅游内容，还增加了游客的停留时间和消费意愿，带动了当地经济的发展。文旅融合还注重文化环境的保护和可持续利用，辽宁省在推进文旅融合发展中，加强了生态保护和文化遗产保护，通过建立自然保护区和文化遗产保护区，实施严格的管理和保护措施，确保自然和文化资源的可持续利用。此外，辽宁省通过推广环保旅游理念，倡导绿色出行和生态旅游，减少旅游活动对环境的负面影响，实现经济效益和生态效益的双赢。在具体实施过程中，辽宁省注重多方合作，推动政府、企业和社会各界共同参与文旅融合发展。政府提供政策支持和资金投入，企业发挥市场主体作用，开发创新性的文化旅游产品，社会各界积极参与文化活动和环保行动，共同促进文化和旅游的深度融合。例如，在大连市，政府与企业合作开发了多个文化旅游项目，如海洋文化节和海洋生物展览等，不仅提升了旅游景区的吸引力，还推动了海洋文化的传播和保护。总之，文旅融合为辽宁省文化创意产业和旅游业的发展带来了新的机遇和活力，通过充分挖掘和利用地方特色及民族文化元素，开发独具魅力的文化衍生品和体验项目，辽宁省不仅提升了文化产业的附加值，还促进了旅游业的可持续发展。在这个过程中，注重生态保护和文化遗产保护，实现了经济效益和生态效益的双赢，为地方经济和文化繁荣做出了重要贡献。

三、民族文化推广的策略与实践

在推动民族文化推广方面，辽宁省采取了多种策略和实践。首先，通过大力培育艺术精品力作，推动新时代艺术精品创作。坚持以人民为中心的创作导向，提高文艺作品的质量和原创能力。统筹全省艺术平衡发展，兼顾舞台艺术与美术创作、新创作品与复排作品、大型作品与小型作品，全面促进艺术生态的健康发展。其次，加强辽宁地方戏曲的保护传承与创新发展。通过扶持代表性戏曲院团和传统戏曲传承发展，推动地方戏曲参与全国性示范性戏曲活动，提升地方文化的影响力和传播力。例如，扶持辽剧、海城喇叭戏、阜新蒙古剧等地方戏曲，推出精品剧目，举办全省地方戏曲展演活动，提升地方戏曲的知名度和美誉度。在非物质文化遗产的保护与传承方面，辽宁省同样做出了积极努力。通过建设传统工艺工作站、创建国家级非物质文化遗产生产性保护示范基地，培育有民族特色的传统工艺知名品牌。例如，支持岫岩玉雕、抚顺石雕（煤精、琥珀雕刻）、阜新玛瑙雕、本溪辽砚（松花砚）制作技艺，打造全国顶级非遗精品。此外，辽宁省还在传统节日和文化遗产日期间组织非遗宣传展示活动，参加国内外重要的非物质文化遗产展演活动，推动非遗的传播和交流。例如，通过举办非遗文化展览和互动体验活动，向公众展示传统手工艺制作技艺、民间音乐舞蹈和戏曲等，增强非遗的知名度和影响力。

四、文化与旅游的深度融合

辽宁省在文化与旅游的深度融合方面，采取了一系列创新举措。通过将文化表演、展览和互动活动引入旅游景区，丰富游客的旅游体验，提升文化内涵的吸引力。辽宁省鼓励景区在创新发展方面不断探索，通过引入先进的管理模式和技术手段，提升景区的竞争力和吸引力。例如，本溪的五女山景区通过现代化的管理运营模式，提高了服务质量和游客满意度，并开发了多条特色旅游线路，如历史文化游和生态探险游，满足了不同游客的需求。政策还鼓励景区与当地居民和企业合作，共同发展旅游产业，实现经济效益和社会效益的双赢。辽宁省积极推广智慧旅游的发展，通过大数据和人工智能等现代技术手段，实现旅游信息的智能化管理和服务。智慧旅游平台的建设，不仅提高了景区的管理效率，还为游客提供了更加便捷的服务。例如，游客可以通过智能手机应用获取景区的实时信息、预订门票和导览服务，享受到更加个性化和智能化的旅游体验。在推动文化创意产业与旅游产业结合方面，辽宁省开发了多种具有地方特色的文化创意产品，如手工艺品、纪念品和特色食品，丰富了旅游产品的种类和层次。

文旅融合不仅是文化与旅游的结合，更是民族文化传承与创新的有效路径。通过不断探索和创新，文旅融合将成为推动地方经济发展和文化繁荣的重要引擎，为人们创造更加丰富多彩的旅游体验和文化享受。

第六节　工业文旅线路

辽宁省，作为中国工业化进程的缩影和代表，被公认为中国工业的奠基地之一，赋予了许多闪耀的称号，如"共和国工业长子""新中国工业的摇篮"，这些光辉的标志已经深深地刻在历史的长河之中。辽宁独特的工业遗产不仅是昨日辉煌的见证者，更是孕育着明天希望的重要物质载体。

在辽宁省，工业遗产具有鲜明的"重"点特征。工业遗产是指在工业长期发展进程中形成的，具有较高的历史、科技、社会和艺术价值的工业遗存。辽宁的近代工业化历史可以追溯到清末民初，这一时期就开始了工业化发展的步伐，成为我国较早进行工业化发展的地区之一，因此工业遗存在这里显得尤为丰富、价值丰厚。随着新中国的成立，辽宁的重工业基地快速发展，而后在改革开放的大潮中，经历了现代工业的调整、改造和转型发展，建设了一系列重点项目和工业基地城市，为国家现代化进程贡献了突出力量。据统计，仅1949年至1958年这十年间，辽宁工业就为共和国创造了118个工业"第一"。这些"第一"成就不仅是历史的见证，也为辽宁留下了丰富的工业遗存，塑造了省内独具特色的工业遗产资源。

辽宁省的工业遗产在行业类型上以"重"为主导。选择了优先发展重工业的道路和模式，因此工业遗产也主要集中在与重工业发展密切相关的领域，包括煤炭、石油、电力等能源行业，钢铁、金属冶炼行业，机器加工和制造行业，以及铁路、港口等交通运输行业。

在空间上，辽宁工业遗产呈现出明显的规律性。铁路轴线分布、城市带区域分布和城市内集聚分布是其突出特点。这主要源于近代工业对于生产资料和工业产品输送的依赖，工业遗产与铁路网络关系密切，围绕着铁路、港口等交通枢纽和工矿企业形成了众多工业城市。这些城市不仅是工业遗产的载体，也是辽宁工业发展的重要节点和历史见证者。

在工业文旅融合方面，辽宁省展现了积极的探索和实践，将工业遗产转化为旅游资源，推动了旅游业的发展和地方经济的繁荣。

以沈阳市为例。作为辽宁省的省会城市，沈阳市拥有着丰富的工业遗产资源。沈阳工业博物馆是该市的代表性景点之一，展示了沈阳工业发展的历程和成就。同时，沈阳军火厂文化旅游区也是吸引游客的重要景点，通过保护和利用工业遗产，向游客展示了军工制造的精湛技艺和历史文化。大连市也是辽宁省的重要城市之一，大连的工业文化也得到了有效的利用和保护。大连老铁山煤矿是该市的一处工业遗产景点，通过对煤矿历史的展示和体验，吸引了众多游客前来参观。此外，大连东港老钢厂遗址公园是另一处具有代表性的工业遗产景点，展示了钢铁工业的发展历程和文化内涵。鞍山市是辽宁省的重要工业城市之一，也有着丰富的工业文化。鞍山通过开发工业遗产旅游景点，如鞍钢博物馆和千山洞府矿山遗址等，向游客展示了钢铁工业的发展历程和文化底蕴。这些景点不仅吸引了游客的关注，也促进了当地旅游业的发展和经济的增长。

国际上也有许多类似的实践和经验，如英国、美国等国家，在保护和利用工业遗产方面的丰富经验和成功案例十分具有参考价值。

英国是工业革命的发源地之一，拥有丰富的工业遗产资源。英国通过将工业遗产转化为旅游景点，如曼彻斯特科学与工业博物馆、爱丁堡皇家艾尔伯特博物馆等，吸引了大量国内外游客，展示了工业时代的兴衰和创新。美国也有着丰富的工业遗产资源。底特律是美国汽车工业的发源地，通过开发汽车工业历史景点，如福特汽车工厂博物馆和底特律汽车工业历史遗址等，吸引了许多游客，展示了汽车工业的演进和贡献。

工业遗产在旅游开发中的转化利用是一种有效的方式，能够丰富旅游内容，展示工业发展的历史和文化，同时也促进了地区经济的发展和转型。辽宁省在这方面的过往实践与经验，以及国际上的类似案例，都为辽宁省未来的工业文旅融合提供了宝贵的经验和参考。随着社会经济的不断发展，相信工业遗产的转化利用将会更加丰富多彩，为旅游业的发展注入新的活力。

第五章　辽宁省文博事业发展
与历史文明传承

第一节　辽宁省博物馆的建设与发展概况

一、博物馆建设概况

博物馆是承载着人类丰富历史和文化遗产的重要文化机构，其展示和典藏的藏品吸引了越来越多的观众，成为大众追捧和喜爱的场所。党的十八大以来，辽宁省的博物馆事业取得了长足的发展。博物馆的数量不断增加，博物馆体系也逐步完善。如今，博物馆已经成为人们美好生活中不可或缺的一部分，并为推动辽宁经济社会发展做出了重要贡献。截至 2019 年 10 月，辽宁省备案的国有博物馆共有 111 家。其中，国家一级博物馆 5 家，分别是辽宁省博物馆、旅顺博物馆、"九·一八"历史博物馆、沈阳故宫博物院和大连博物馆。此外，还有 7 家国家二级博物馆和 5 家国家三级博物馆。一级博物馆主要分布在沈阳（3 个）和大连（2 个），二级博物馆分布在沈阳（2 个）、大连（1 个）、鞍山（2 个）、丹东（1 个）和锦州（1 个），三级博物馆分布在锦州（1 个）、营口（1 个）、铁岭（1 个）、本溪（1 个）和辽阳（1 个）。总体而言，辽宁省的博物馆在各地区的分布比较均衡。

辽宁省拥有各类博物馆，门类齐全。作为博物馆事业发展较快的省份之一，辽宁省目前拥有各种级别和类型的博物馆。历史艺术类博物馆以辽宁省博物馆、沈阳故宫博物院和旅顺博物馆为代表，这些博物馆在国内外享有重要的声誉。重大历史事件和重要历史人物纪念馆以沈阳"九·一八"历史博物馆、辽沈战役纪念馆、抗美援朝纪念馆和雷锋纪念馆为代表。专题类博物馆以大连博物馆和大连自然博物馆为代表，这些博物馆通过特定主题的展览和藏品吸引了众多观众。遗址类博物馆以沈阳新乐遗址博物馆和阜新查海遗址博物馆为代表，这些博物馆通过展示历史遗址的文物，让观众了解到更多的历史信息。辽宁省的博物馆门类齐全，不仅满足了人们对历史和文化的需求，也为辽宁省的文化事业发展做出了重要贡献。

二、推动文物研究与保护

以习近平新时代中国特色社会主义思想为指导，全面贯彻落实党的二十大精神，贯彻落实习近平总书记关于文物工作的重要论述和在东北、辽宁考察时的重要讲话精神。在博物馆事业中，我们应坚持"保护第一、加强管理、挖掘价值、有效利用、让文物活起来"的新时代文物工作方针。同时贯彻新发展理念，将博物馆事业主动融入国家和全省的经济社会发展大局。我们要优化全省博物馆的空间布局，确保博物馆的分布均衡。通过提升博物馆的公共文化服务水平，为人民群众提供更好的参观体验和文化教育。

（一）辽宁省文物基本情况

辽宁省拥有悠久的历史和丰富的文物资源，具有时间跨度长、文化内涵丰富、地域特色明显、馆藏精品质量高以及博物馆数量众多等特点。目前，在全国范围内，辽宁省的文物遗址总数和全国重点文物保护单位数量（147处）属于中游水平。辽宁省的文物资源成为研究历史和文化、传承文明的宝贵财富，也吸引着众多观众和学者的关注和研究。

1. 不可移动文物情况

截至 2019 年 10 月，全省共发现各类文物遗迹 24115 处。其中，包括 6处世界文化遗产地（九门口长城、沈阳故宫博物院、清永陵、清福陵、清昭陵、五女山山城），还有 3 处列入世界文化遗产预备名单项目（义县奉国寺大雄殿、朝阳市的牛河梁遗址、兴城城墙）。此外，还有 147 处全国重点文物保护单位、673 处省级文物保护单位、1530 余处市、县（区）级文物保护单位，以及825处不可移动革命文物遗迹。辽宁省还有1个国家级历史文化名城（沈阳市）、7个省级历史文化名城以及4个国家级历史文化名镇（新宾县永陵镇、海城市牛庄镇、东港市孤山镇、绥中县前所镇），还有10个省级历史文化名镇和1个国家考古遗址公园（牛河梁红山文化遗址公园）。

2. 可移动文物情况

截至2019年10月，全省共有405248件/套可移动文物（实际数量为1618095件）。其中，包括国家一级文物1311件/套（3070件）、国家二级文物19256件/套（46521件）、国家三级文物73993件/套（172401件）。此外，还有18049件可移动革命文物。辽宁省的文物资源丰富多样，不仅具有重大历史和文化意义，还承载着深厚的地方特色和文化传统。这些文物对于研究和展示辽宁省的历史、文化以及促进旅游发展起到了重要作用。

（二）辽宁文物特点

1. 文物历史悠久

辽宁省的文物资源丰富，时间跨度长，涵盖了旧石器时代、新石器时代、青铜时代、秦汉时期、隋唐时期、辽金元时期、明清时期以及近现代以来各个历史时期的文物遗存。这些文物记录了辽宁省的悠久历史和文化。

2. 文物资源类型丰富

辽宁省的文物类型多样，包括红山文化、三燕文化、高句丽遗存、辽金文化、清前史迹、革命文物、少数民族文物等。这些文物以点、线、片、群等形态分布在辽沈大地，共同构成了丰富多样的辽河文明。此外，辽宁省还拥有丰富的长城资源，保存着战国燕长城、汉长城、北齐长城、辽长城和明长城等，总长1300多公里，分布于全省13个市的52个县（区）。

3. 东北地域特点鲜明

辽宁省的不可移动文物展示了辽沈大地人类活动的遗迹，从金牛山遗址（约二十多万年前）到海城仙人洞遗址（约一万多年前）、红山文化遗址（约五千多年前）、秦汉时期的姜女石遗址、辽河流域的高句丽山城、众多的辽塔以及前清时期的"一宫三陵"等历史遗迹，都展示了辽沈地域特色的历史文化。辽宁省的可移动文物馆藏精品也独具特色，如红山文化玉器、历代书法绘画、宋代缂丝、辽代出土文物、佛教文物、外国文物和清廷文物等。

三、加速跨进"数字时代"

辽宁省博物馆行业正积极推行数字化展示和利用平台，以满足观众对文物的欣赏需求。为了提供更好的观展体验，辽宁省博物馆采取了一系列创新举措。在"青花清韵——元青花瓷器展"中，引入了三维数字展示器，让观众可以通过触摸屏幕近距离欣赏珍贵的元青花瓷器，并通过360度旋转和放大缩小功能查看细节。这种数字化展示形式也延伸到线上，通过手机足不出户即可参观各类精美文物。

辽宁省博物馆在数字化展示与利用方面取得了进展。利用微信小程序"云上故宫"，观众能够自由穿行于沈阳故宫博物院的文物之间，近距离欣赏剔红勾莲开光山水人物纹天球瓶、掐丝珐琅缠枝莲纹朝天耳三足炉等具有历史沧桑感的文物。目前，"数字多宝阁"已上线，收录了珐琅器、瓷器、金属器等10大类共200件文物。辽宁省还计划对藏品资源进行数字化处理，运用藏品数字化保护技术，更好地展示文物的内涵。

数字化展示与利用不仅仅局限于展览上。根据辽宁省博物馆改革发展实施方案，未来几年，辽宁省将开展全省博物馆藏品的登录、使用和保养情况检查，推进藏品档案信息化、标准化建设，逐步推广藏品电子标识。此外，辽宁省还将加强馆藏文物的预防性保护和数字化保护工作，完善项目库建设，并推进藏品资源数据库建设，提高对藏品基础信息的开放程度，使辽宁省博物馆真正迈入"数字时代"。通过推出"八大工程"和"两大活动"，辽宁省博物馆将成为教育基地、旅游目的地和文化宣传阵地，增强社会影响力，吸引更多的参观者了解和欣赏文化遗产。数字化展示与利用的努力将进一步推动博物馆事业的创新发展，促进文化传承和普及，为观众提供更丰富、便捷的文物体验。

四、推进博物馆改革发展

辽宁省正根据新时代文物工作方针和全国文物工作会议精神，推出多项文物保护利用工程，以让文物焕发生机。首先，在长城（辽宁段）保护利用工程方面，辽宁省将加强国家级长城重要点段的保护维修工作，改善长城的现场展示、博物馆和陈列馆的展陈，提升长城保护、管理、展示和利用水平。同时，还将加快东北亚边疆历史文化博物馆、绥中长城博物馆的建设，并做好长城文化展览展示工作。其次，辽宁省将推进国家文物保护利用示范区建设工程。特别是在大连旅顺口军民融合国家文物保护利用示范区创建工作上，将积极创新区域性文物资源整合和集中连片保护利用机制，力求在全国范围内树立文物保护利用改革的标杆。再次，辽宁省还将推进不可移动文物的有序开放利用，鼓励社会力量参与文物建筑的有序开放，并编制开放案例指南。又次，将推进城市近现代文物建筑的活化利用，加强工业文化遗产的保护利用。最后，还将推动农村非国有文物建筑及其宅基地依法流转，并鼓励将不可移动文物开辟为公共文化场所。

辽宁省着力推动博物馆建设发展工程和中小型博物馆质量提升工程。到2025年，全省备案博物馆数量预计达到150家。在推进过程中，辽宁省将重点培育省博物馆纳入国家创建"世界一流博物馆"的名单，并争取将旅顺博物馆、大连自然博物馆、大连博物馆、沈阳故宫博物院、沈阳"九·一八"历史博物馆、丹东抗美援朝纪念馆、辽沈战役纪念馆等列入国家卓越博物馆培育名单，推进朝阳博物馆、彰武县博物馆等新馆展陈，支持沈阳市打造"百馆之城"。通过"大馆带小馆"的帮扶机制，促进中小型博物馆在藏品保护、科学研究、陈列展览、人才培养等方面的可持续发展。同时，辽宁省还将大力推进博物馆的智慧化管理和展示服务，推动全省定级博物馆基本陈列、常设专题展览以及其他精品展览实现网上展示，打造云展览体系。此外，也将深化博物馆与学校的合作机制，支持有能力的博物馆利用线上传播手段，开发系列精品课程，打造青少年教育活动项目品牌。

第二节　辽宁省文化创意产业特点

作为传统的老工业基地，从改革开放至今，辽宁省的产业结构始终呈现着"二三一"的局面，第二产业占比为48%—50%。辽宁省的重工业占第二产业产值的80%左右，这种产业结构的分布，使得辽宁省的经济发展面临着严峻的资源与环境压力。因此，协调经济发展与资源环境之间的双重矛盾、优化产业结构、将经济增长方式由粗放型转向集约型成为辽宁省城市发展的关键性问题。

文化创意产业作为21世纪最具活力的朝阳产业，不仅带动了产业升级、也推动了城市转型的步伐。辽宁省乃至全国其他老工业基地，都蕴藏着大量且丰富的文化资源，目前许多国内工业重镇已经提前迈进了产业结构升级之路，比如说"中国匹兹堡"——上海宝山区、"钢城"——北京石景山区等，这些城市在完成产业结构升级、资源型城市转型路上的许多举措都极具启发意义。从全球产业结构优化路径来看，文化产业是现代服务产业的焦点内容，也是新经济时代的核心价值产业，辽宁省要大力发展文化创意产业，充分发挥创新的能动性，打造文化新生态，才能进一步推动传统产业的转型升级。

一、内整文化，外引资本

近年来，在城市经济不断转型的进程中，尤其是伴随着网络时代的迅猛发展以及互联网经济的兴起，光靠对自身文化内涵的整合与开发还远远不够，更需要借助"外力"来促使城市文化创意产业更快地实现转型。互联网产业经过多年的发展，已经成为一个更加成熟、更加便捷、更加具有高附加值的产业，同时互联网产业与实体经济产业的融合也越发紧密了。随着科技的不断前行，产生了以互联网形态为基础的经济社会新态势，并在此基础上形成了新的业态。许多行业都在"互联网＋"的影响下进行了转型和升级，将互联网发展形态与自身产业特点相结合，形成了整体渐进式的创新发展。

辽宁省作为传统的工业基地，在进行产业升级和行业转型的过程中，也需要融入新的形态发展，需要加入新型科技和创新效能。如非传统的一般加工业，绿色科技创新的融入带动了大量就业的实体型经济项目。再如能够运用互联网技术的企业，与当下文化新形态相融合，就会带来文化创意产业的发展。例如成绩较好的故宫文创，文化创意产品通过互联网线上销售，不仅产生了传统文化推广的新态势，并且产生了可观的经济产值。由此可见，形成有利于吸引互联网科技相关的文化创意型营商环境尤为重要。

二、聚集人气，提升品位

辽宁省要完成对全面建设文化创意产业的布局，实现区域城市转型，便要从产业结构、城市空间的建设与更新等方面入手。文化创意产业的调整与发展升级，不是单一个体的发展状况，而是优化和利用城市现有资源，结合省内的实际情况进行设定。如可以将旧工厂的工业区等具有城市文化特征的废旧场所加以利用，按需改造成具有文化属性的产业园区、创意产业园、动漫基地等，从多层面融入并服务于文化创意产业。促进区域经济的发展，是利用互联网和科技的力量，在合理利用区域资源的基础上进行文化提升。

通过国内外一些产业调整的成功案例，传统的工业型城市的产业结构升级和转型是城市发展的必经之路。当代城市中大量工业建筑空间被空置，资源被闲置，这些具有历史价值的城市"遗址"，改造并且焕发生机的成功案例比比皆是。如北京798艺术区，现在不仅是国内标杆型的艺术区，更是年轻人趋之若鹜的打卡目的地。由此可见，艺术可以切实地提升和改造废旧工业遗址，对园区进行改造升级、利用现有条件寻找发展方向，这种低成本高效能的做法，不失为聚集人气的好方式。

三、分散布局，产城融合

"产城融合"是近年来城市发展进程中提出的新理念，促进了规划理念的不断更新。从具体情况来看，"产城融合"有四种情况：一是有产业的传统工业城市，产业特点格外鲜明，拥有大量聚集的工厂，但同时城市配套不足，亟须提升"城"来补充；二是城市功能发展较好，拥有很好的居住环境，但城市发展动力不足，缺乏产业规划和就业功能；三是产业和城市两方面都没有明显优势，相对比较薄弱，要合理将两方面条件进行规划，双向融合形成产城融合的新态势；四是"产城"发展不同步，城市发展较快，产业跟不上城市发展，要寻找新的融合切入点。解决以上四种情况，第一种是要增加城市配套功能；第二种则需要加快导入产业功能；第三种二者同步提升，进行协同改进发展，将是一个很漫长的过程；第四种则代表着辽宁目前大部分城市产业布局现状，而这种模式下，分散式布局则能较好地完成城市产业更新改造，实现产城融合。

"分散布局"则是要以分布式的理念巧妙地进行"产城融合"的调整，也是最为高效的提升手段。发展越集中，其产生的边际效应就越递减，反之，发展越分散，它的边际效应就越递增。将这一原理运用到文化创意产业园区的"产城融合"上，特别是一些传统老工业聚集的城区里，要合理布局，下好城市这盘棋，打造适应城市发展的新空间。将老工业、老企业等有计划有步骤地转换城新的产业空间，这样便自然而然地促进了城市功能的更新。

在具体实践过程中，可以对辽宁省在中心城区范围内的老工厂、老仓库、老堆场等进行集中调整和转型，形成具体点位的产业园区和整体的商业文化氛围，这样的调整，不仅会切实影响城市发展，而且会潜移默化地形成城市的活力源和动力源，推动整个城市创意产业稳步前行。

第三节　辽宁文化创意产业发展现状

文化资源具有多样性，它是在各种社会活动发展过程中所创造出来的社会物质文化、政治文化和社会精神文化的资源总和。文创产业作为一种重要的文化发展形态和文化现象，展开辽宁文化资源的多维调研的研究，是促进文创产业发展的内在机制。

　　人们的生活方式和文化认同都在不断地变化，文化产业也逐渐地成为备受关注和重视的一个新型经济增长点，文化资源在辽宁省的经济与社会发展中扮演着重要的支撑与促进角色。展开辽宁文化资源的多维调研，有助于梳理辽宁文化体系，从而进一步进行文创设计的定位研究。文化是一个广泛而复杂的概念，文创设计是以传统文化为基础和素材进行创造性的活动，也是连接文化与产业的关键因素。文创产品作为一种独特的文化传播媒体和文化符号，不仅是文化产业的组成部分，而且还承载着传播文化的重要职责。

　　文化资源是文化产业发展的基础，基于辽宁省文化背景，对文化资源现状进行考察。辽宁省的历史人物文化遗产包括历史文化遗产资源、自然风光、民族和传统民俗文化遗产资源、红色文化资源和世界文化遗产资源、工业文化资源等，较为完整地展现辽宁省现有文化资源的峥嵘风貌与发展现状。辽宁文化创意产业的文化资源丰富，各类历史时期文化遗产资源按形成时间和发展年代进行划分主要为阜新地区的查海文化、朝阳地区的朝鲜红山文化、三燕时期文化、本溪地区的古高句丽王城遗址、辽北地区的朝鲜契丹时期文化、沈阳抚顺地区的清朝时期文化。这些作品具有重要的民族历史文化背景和历史文化故事、历史文化符号，是辽宁通过创意文化产业充分深入挖掘的文化内涵，丰富了辽宁省创意文化产业和艺术创新的文化素材。从目前的发展情况来看，辽宁文化资源的开发和转化情况并不乐观，不但综合应用和转化的手段比较陈旧保守，且没有形成良性循环的创意产业平台。我们迫切需要建立一个将文化资源与文化产业有机融合的平台，不断地探索传统与现代、文化与产业之间的理念与创新创作方法。辽宁拥有丰富的民间文化、民族音乐、民族舞蹈、传统话剧、民间艺术、民族美术、民俗、杂技和竞艺等国家级非物质文化遗产，将这些非物质文化遗产结合新媒体等各种现代设计手段融入和整合，有助于形成辽宁的创意产业和经济的新增长点。

　　辽宁作为东北老工业基地，近几年在推动文化与经济创新方面，取得了一定的进步，但取得的成效仍不明显。从整体来看，辽宁的创新驱动指数呈上升趋势，但涨幅较缓慢，其上升指数远远低于其他创新型城市。从具体方面来看，第一，辽宁的创新环境还有待提高，没有形成省内各城市整体的创新发展集合氛围；第二，辽宁虽然对文创产业发展的重视程度日益增强，但由于创新投入还比较低，对文创产业没有起到很好的助推作用；第三，创意性产出，从指标和数值上来看也呈现了上升的趋势，但增幅也比较低，且远低于目前的全国平均水平。

在辽宁的文创产业结构中，传统文化和民间艺术这部分还比较薄弱。按照省内各地区的文创发展水平，以及各地区的地域特点及文化资源结构来分析，可以将辽宁的文化产业分为三个梯队：第一梯队是沈阳、大连，拥有相对较好的文创产业发展环境，较好的城市活力和较强的地域性为其带来了创新发展驱动。第二梯队是鞍山、营口、本溪，虽然文创产业发展速度较慢，但能够在发展中寻找文化资源优势与文化特色。第三梯队就是文创产业发展态势较为落后的锦州、丹东、抚顺、铁岭、辽阳、盘锦、朝阳、阜新、葫芦岛。相比较而言，辽宁产业园区以及新型产业示范园区的发展规模和数量都比较多，但发展水平不均衡，有些城市的产业园区运行不佳，也处在停滞不前的状态。归其原因，仍是辽宁境内文创产业的效应和发展没有得到良性发展，没有进入可持续的状态当中。

辽宁文创产业结构，包含了从装备、技术、产业设计、文化艺术到动漫、出版、手工艺等多个产业，但由于缺乏产业间的融合，没有形成一定的规模，缺少与传统制造业的深度融合，所以经济效益不明显，并且最本质的问题是，没有形成具有文化影响力的具有国际效应的企业和品牌。

第四节　城市文脉与文化创意产业

在文创产业发展进程中，不能忽视城市文脉的核心力量。文化创新不能简单理解为文化元素的整合运用，而应该是对于文化的精准表达，其核心在于"文化内核"，即文脉。文脉的形成需要长期的积累，城市文脉在内容组织、形象定位、视觉语言等方面与文化创新相互影响。城市是具有政治意识形态的内容，也保留着地域与文化因素。站在时代需要和历史演进的高度上，近年来，各地区在发展文化创意产业的同时，也在探寻着城市文脉的历史路径。同时，文化创意产业的快速发展对于城市的结构调整和经济发展提出了新的挑战，对于城市文化内核也提出了更深层次的要求。

一、城市文脉是根植于文化的创造力

城市中蕴含的城市文脉是根植于文化的创造力、是文化创新发展的必要资源和动能。城市文化的追溯—认知—挖掘—梳理—解构—重组是城市文脉的内在演变研究过程，同时，城市文脉与外在文化表征的关系是研究文化创新的必要途径。

(一) 城市文脉的概念理解

"城市文脉"是一个抽象名词，指一座城市的文化及文化传统，体现着城市的生命力与发展。文脉就像血液，呈现出一座城市的生命状态，包含的是过去、现在的文化及文化传统。城市文脉的差异，使得城市展现出完全不同的面貌，如历史悠久的城市有着古代文化的传承，现代化的都市有着新时代的精神风貌。城市文脉如空气，潜移默化地影响着城市的风貌和气质。

党的十八大报告强调指出："建设社会主义文化强国，关键是增强全民族文化创造活力。"而增强全民族文化创造活力，就必须大力推进国家文化创新。随着中国经济步入新常态，城市建设与发展过程中面临着较大的转型压力。高速现代化与城市化进程带来了城市的功能与结构、形态与规模上快速而剧烈的变化：一方面，文化创新越来越受到重视；另一方面，文化发展也面临诸多问题。在当今时代背景下，城市文脉面临着缺失与断层。文化创新发展中如果对城市文脉的挖掘不够，文化解读得不深，会导致文化创新动力发展不足。文化创新不应是将文化元素进行解构整合，更应要求文化的准确传达解释，其核心在于"文化内核"。

(二) 城市文脉的文化二元性

从文创发展视域来看，城市文脉具有结构化与符号化的文化二重性。以城市为圆心，从文化层面进行系统构建和创新研究。结构化与符号化，是一个整合的概念，是创新的文化场域。城市文脉的文化二元性研究，是从概念提出到学科架构、关系架构、研究思路展开的整合研究，着重探讨二者在学科中的对应关系，以及设计应用的方法。（图 5 - 1）从这一视域透视文化创新，会促使人们对于文化创新的认知发生改变，重新构建文化创新设计体系。

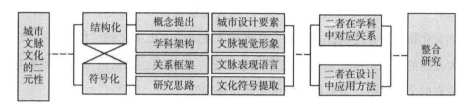

图 5 - 1　城市文脉的文化二元性整合研究图

关于城市文脉的文化二元性研究，通过结构化与符号化的能动性，为文化创新研究提供有效的理论支撑。其中包括戈特迪纳的"城市符号学"以及索绪尔关于社会生活方面的符号学研究。戈特迪纳以"新社会空间方法"为基本方法论，以经济、政治、文化等多维度要素的理论体系，阐明城市的驱动因素与重要性。索绪尔建立的符号学体系以文化符号和意识形态两部分来展开，这为建立城市文脉的符号化体系研究提供了系统的分析方法。

城市文脉的结构化与符号化，二者是表里关系，亦是连续关系。城市只有逐渐形成自己的文脉语境，找到表现语言与城市视觉形象的符号，并且在文化创新中得到延续，城市文化发展才能找到定位，得到充分的发挥。

二、从文化创新的角度梳理城市文脉

随着中国经济步入新常态，城市建设与发展过程中面临着较大的转型压力。从文化创新的角度来说，迫切需要梳理城市文脉与地域特色。城市文脉是内核，通过分析城市文脉在内容组织、形象定位、视觉语言等相互影响的内在逻辑关系，解读外在视觉表征与内在文化表征的联系，探寻城市文化内在意蕴的构建需求，从而建立与文化创新的关系。

（一）梳理城市文化的脉络与内涵

将城市文脉进行分类梳理，通过历史、民俗、建筑、少数民族、饮食、老工业基地、殖民等文化视角对城市文化进行分类归档，分析其中文化价值所在，寻找城市文化的差异化，推导出城市独一无二的、具有历史文化价值的文化元素。

以文化项目为载体，从空间层面来进行梳理，由"点"到"线"再到"面"：从梳理地标性文化的"点"，如文化遗址、名人故居、地标建筑等，到文化特色街、建筑群、由几个文化景点连成的历史文化的"线"，再到较大范围的文化街区、城市历史片区等"面"的梳理。根据地域特色梳理其独有的文化脉络，从而推进城市文脉体系构建。

（二）分析城市文脉的地域特色

以当代中国为背景，以城市文化形象为内容，从地域文化视角来分析城市文脉的表现语言。地域特色是城市建设综合构建的结果，其中包含了内容策划、视觉定位、语言表达、技术手段等建立当代城市文化形象的构建方法，共同呈现了当代城市发展语境下的文脉表现语言。

从内容层面来说，地域文化具有明显的地域性，即在一定的地域范围内形成的历史遗存、文化形态、习俗、生活方式等。文化符号的提取和城市视觉形象的建设都显得至关重要。从视觉层面来说，文化形态也在不断的演化中形成自己的表达方法，换言之，形成了独特的艺术审美，包括城市建筑及城市建设中涉及的造型、色彩、构成、材质等方面。从文化层面来说，地域文化具有相互渗透和包容性。从大概念意义上来谈地域特色，即文化认同，涵盖思维、认知、情感、需求、行为等。从方法层面来说，地域特色也受当今技术手段的制约和影响，涵盖工艺表现技法、数媒技术、综合技术应用等。寻找城市文脉的地域特色，也就是在当代中国特色社会主义建设的语境下的城市文化新形象。

（三）梳理城市文脉的基本思路

梳理城市文脉需要先厘清文化体系，搜集整理沈阳城市文化脉络特征，明确研究的范围与价值体系。通过对文脉的梳理，以及城市空间形态"点、线、面"的整理，提取城市文化符号，将抽象文化形态向视觉层面转化。分析内核与外部表征的对应关系。从城市文化外在形象反推寻找内在表征，寻找其与文化脉络的深层联系，从而推导城市形象与空间形态的审美维度和特征。

梳理城市文脉是为了构建设计方法,从文化创新的角度,建立新时期城市文化形象系统设计方法和空间形态展示策略。解决城市形态建设的根本问题,需要搭建创新设计的"产、学、研"平台,设计需整合与文脉相关的机构,在文化研究、产业化、推广等方面进行协同创新,努力发挥城市形象整体设计的引导作用。

三、城市文脉对于文化创新产业发展的影响

城市文脉与文化创新,二者在相互作用与实践中,其背后因素是形成文化独特性的依据。文化创新发展是城市文脉明晰的必然结果,其内在关联,对于推动传统文化与现代社会协调关系来说,具有推陈出新的重要意义。

(一)准确的特色定位与发展引导

对一个城市而言,城市文脉是积累而成的,深挖城市文脉的底蕴,能够为一个地区的发展提供方向、依据和路径。文创产业发展规划应具有前瞻性、系统性、长久性,要在对文化的保护前提下进行,充分地挖掘地区优势以及文化特色,形成自己的文化氛围。城市文脉研究就在于帮助文创产业进行文化定位,促使二者相互促进,引导文创产业发展过程中遵循地域文化属性,并在文化创新的进程中更深刻地了解城市风貌,均有助于形成可持续的产业结构调整和整体发展机制。

文创产业发展是"艺术"和"社会"平衡发展的必然结果,在城市发展进程中打造了文化特色和地域特性,又改善了城市文化环境,促进了文化旅游的发展。从宏观的角度来看,城市文脉促进了城市文化精神的发展,这对城市文化创新来说,无疑提供了准确的特色定位与发展引导。

(二)促进文化创新的多样性与活力

文脉是创新的源泉!城市文脉的结构化与符号化共同打造了城市的文化品牌形象体系。城市文脉的梳理与构建,不只是解决美的问题,而且是真正用设计解决问题,从根源上带动文化创新,具有更高的价值意义。随着文化产业快速"跃迁",我国已经进入新文创时代。新文创时代是从传统文化形

式的消退以及功能的扩散来审视城市发展的新趋势。突破以往的文化传统和功能范畴，城市的建设发展，正在与文化价值与社会经济等领域密切连接。

现代城市的塑造重视每个要素之间的相互联系以及与周边环境的和谐，这就要求在设计建造的过程中有一个核心的主线对各要素进行相互串接。在人们日益重视文化建构的当下，文化就充当了这样的角色。文化创新基于城市地域文化的土壤来表现城市文化和创新机制，凝聚成具有自身吸引力的物化形态，从而体现一个城市的创造力和时代内涵。

（三）提升文创产业发展的内在机制

近几年的文化产业蓬勃发展，城市文脉影响和制约着文创产业发展的速度，我们除了关注城市知名度之外，更重要的是要去观察它是如何影响城市文化和文化创新总体发展的。城市文脉是促进文化创新的内在机制，解决其外在视觉表征的发展问题。

提升文创产业发展的内在机制，应不断探索城市文脉的价值与内涵。要把城市文脉的认知和理念通过文化创新形式呈现出来。城市文脉是一个复杂的构成，在文创产业发展进程中蕴藏着历史文脉的延续。它是个日积月累的发展过程，这个发展过程是文化与创新共同构建的过程。在发展的过程中日益形成文化精髓的沉淀。文化创新与城市文脉的发展有着密不可分的传承联系，在城市现代化发展的进程中，保护并且传承城市的历史文脉，为塑造城市的文创产业提供可能性。

（四）通过文化创新推动城市更新

城市文脉不仅可以提升城市文化与环境价值，还有助于提高居民生活品质和创造新的先进文化，它与文化创新中的多个领域和谐互通。城市形象建设要以城市文脉为依据，通过文化创新手段打造城市文化风貌，在这一视域下通过文化创新推动城市更新。

通过城市文脉研究保存住城市自身文化的多样性与活力。从文化创新发展角度而言，城市品牌形象的塑造是文化结构化与符号化的集中体现，二者融合共生推导出城市文脉的具体表现。从创意产业在世界各国的发展背景来看，"文化"二字已经与创意产业深深绑定在一起。创意产业必须根植于文化与城市文脉，只有理解文化才能通过文化创新形成新理念、新思潮和新的经济实践，进而推动文创产业发展与结构升级。

四、统筹区域文化资源

构建"一品四线多点"的整体格局。辽宁省拥有丰富的人文、自然、工业、红色等旅游资源，但现阶段文化资源缺少整合，文化资源之间缺少联系，没有形成统筹优势。将辽宁省文化资源进行整合与梳理，以点成线，构建辽宁省文化脉络，以线成面，以文化脉络打造具有代表性的文化圈，全面建成"一品四线多点"的整体格局。"一品"即打造一个辽宁省城市品牌，"四线"是以"历史—遗址""自然—人文""工业—城市空间""红色景点"的资源脉络构建线性布局，"多点"则是在线性脉络上围绕城市知名景点打造核心地标，集聚优势资源，凝聚城市竞争力。如在"历史—遗迹"一线上，可围绕"清昭陵""沈阳故宫""辽宁长城"等遗址串珠成线，形成"辽宁文化圈"。

"一品四线多点"布局有以下几点优势。

（一）由点及面，文化整合，集聚效应

由点及面地对文化资源进行整合，集聚品牌的效应，由单体薄弱的竞争力形成规模化、系统化的文化资源系统，使辽宁省旅游文化影响力、输出能力大大提升，早日形成具有品牌价值的城市名片，实现城市形象提升。

（二）脉络清晰，定位准确，利于宣传

清晰的脉络、明的定位有利于让辽宁省城市文化形象更加鲜明具体，并有助于形成优势产业，凝聚区别于其他城市、具有城市代表性的核心竞争力。并在合理的规划前提下，能明确城市文化产业的发展方向，找到产业转型的着力点，结合互联网宣传，凝练宣传目标，通过资源的整合使宣传更加高效。

（三）凝练基础，为文化创意产业打下稳固基础

通过一张蓝图整体布局，能形成城市建设与发展的良性循环，不断地对文化圈进行整合、完善，能让辽宁省文化产业发展基础越来越牢固，并成为未来辽宁省文化创意产业生长的摇篮，以此布局为基础，不断地拓展与深挖，最终打造出具有影响力、竞争力的自主文化品牌。

五、立足地域文化特色

辽宁省拥有丰富的"工业文化资源""特色民族民俗文化资源"等，其文化创意产业的建设便要基于此打造具有地域特色的文化创意产业，因地制宜，利用自己的资源优势来生存和发展，从而形成有持久竞争力、生命力的城市品牌。要真正做到"立足地域文化特色"，便要做到以下几点。一是加强文化自信，要充分相信自身文化底蕴的优势，并加强民众文化熏陶，加强城市文化氛围与幸福感，只有对自身地域文化有切实的情感，有文化认同与自信，大众才会愿意主动去探寻和挖掘它。这就要求政府部门要大力促进城市文化的发掘与建设，鼓励民俗、生态博物馆的建立，大力宣扬具有特色的地域文化。二是要对地域文化充分把握，知道文化特色是什么，把握地域文化的优势在哪里。三是认知的深度要不断地提升，眼界和视野也要不断拓宽。四是要有创新思维，才能推动文化创新不断发展。五是大胆地探索实践，要将想法、概念不断地推进落实。

从辽宁省文化创业发展现状来看，要尽快将地域资源优势转化为经济优势、转化为城市竞争力。笔者通过对辽宁省的多维调研，提出以下几点策略。

（一）转废为宝利用

辽宁省作为共和国的老工业基地，工业地区衰退时导致大量工业厂房和相关物业被闲置，我们首先要明确在城市改造与升级策略中，要转变思想，从过去的"以拆为主"转变为"以留为主"，很多已经不适应现代发展节奏的工厂和企业，要帮助他们保留特色，并且有计划、有步骤地转型，"拆、改、留"不是一刀切的拆掉，合理保留转型才能形成有机的城市新功能，促进产业与城市的良性结合，从而实现产业、商业、文化和科技的融合发展。

（二）文化产品研发

辽宁省拥有丰富的人文资源，应立足于辽宁省地域文化特色，将具有代表性的文化进行组合再造，突出文化特征，打造具有辽宁品牌特征的文化产品，将文化资源优势转化为生产力，尤其是关注于"非遗工艺""民间民俗手工艺"等文创产品的开发，结合互联网宣传，推广城市品牌，提高社会关注度。

（三）民族风情营造

辽宁省具有少数民族文化、东北民俗文化等鲜明的文化特征，这些特征具体表现在独具风貌的建筑、街道、手工艺等方面，辽宁省在城市产业规划上可以推进历史民族风情的改造，根据文化圈划分的不同打造独具特色的旧建筑风情街。

六、打造辽宁文化品牌

改革开放 40 多年来，我国社会主义文化建设和文化创意产业虽成就不菲，但还较为薄弱。辽宁省文化创意产业的建设是一个长期性的发展战略，需要在科学发展观的视角下进行长远的规划布局，更要放眼世界，追逐国际性都市的竞争力，并立足于本土，深耕地区传统文化，建设具有生命力的产业链条。

城市品牌的塑造需要持续的、正向的社会关注度，辽宁省要提高自身城市影响力，从具体的层面来说，可以有几种做法：一是打造顶级的文化项目，国内外有很多靠一个文化项目而名声大噪的例子，如古根海姆博物馆的成功带动了西班牙毕尔巴鄂的城市复兴；二是要拥有国内较为著名的企业总部，可将城市文化与科技企业相融合擦出新的火花；三是要有吸引人气的大型旅游项目，如一些比较有特点的主题乐园或旅游景点，可以带动城市活力和人气；四是有著名的大学，文化和教育提供给城市的永远是长足的生命力；五是有顶级的体育赛事，并且和其他城市相比具有一定的环境优势和核心竞争力；六是在合理范围内，打造规模较大的展会，比如德国汉诺威工业博览会，也是城市品牌塑造的一个有力手段。除此之外，还有建立各行业的国际性组织，开展国际性会议和活动等。以上都是城市发展典型案例的提炼，这些要素之所以能够广泛提高品牌文化关注度，一是涉及人群面较为广泛，参与关注的人也较多；二是它具有商业和社会的双重价值，有经济和文化的双向提升；三是根据现有条件创造了社会新热点。因此，从提升辽宁省的社会关注度看，选择、引进、培育和建设这类项目对提升地区社会关注度非常重要。

社会关注度高的城市往往其经济、社会、文化氛围和发展都较好，并且塑造了较好的城市品牌形象，对于城市经济发展也具有推动作用。从辽宁省14个地级市来看，大连市是社会关注度最高的城市，形成了自己的城市品牌形象，活力、动力等方面也优于其他城市。从城市品牌形象的本质上讲，它不像其他的城市指标，有一个具体的数据，而是对一个地方全方位、多角度、多层次的形象缔造，以及社会各界从不同眼光、认知、感受对一个城市的评价综合，这也反映了打造一个具有影响力的城市品牌是多么重要。

辽宁省文化创意产业的建设应立足于本地区域性文化背景之上，应用可持续性的眼光宏观把控，深入发掘文化内涵，打造魅力城市品牌，从而促进产业结构的优化与升级。文化的价值是历久弥新的、是历史的传承和辽宁人生活的写照，夯实文化的基础、整合文化的资源、寻找文化的差异、建设文化的新标，进而实现对文化创意产业的建设。

第五节　辽宁"六地"文化展示策略的创新

辽宁"六地"文化作为地区红色文化的重要代表，囊括了抗日战争起始地、解放战争转折地等关键历史节点，承载着丰富的历史价值与文化精神。

一、辽宁"六地"文化的内涵及特点

辽宁"六地"文化，作为辽宁红色文化的集中体现，不仅记录了先辈们在不同历史时期的奋斗成果，而且深具历史意义。这一文化群涵盖了抗日

战争起始地、解放战争转折地、新中国国歌素材地、抗美援朝出征地、共和国工业奠基地和雷锋精神发祥地，每个地点均承载着独特的历史价值与文化精神。

（一）"六地"文化的文化内涵

"六地"文化作为辽宁红色文化的缩影，是先辈们奋斗的成果，具有深刻的历史意义。"六地"文化中的每一"地"都有与众不同的历史价值。抗日战争起始地——辽宁作为最先组织人民群众武装力量抗击日寇，在中国共产党带领下取得了抗日战争的胜利；解放战争转折地，在辽沈战役中，中国共产党军队在兵力悬殊情况下，仍然取得胜利并为淮海战役、平津战役铺好基石；新中国国歌素材地，国歌《义勇军进行曲》取材于东北抗日义勇军，国歌的创作与辽宁有着密切的联系，其关键要素几乎都来自辽宁，特别是以辽宁地区抗日义勇军的战斗事迹为原型；抗美援朝出征地，在丹东鸭绿江畔开启的抗美援朝出征之路，辽宁作为战争的大后方总基地，做好了军队的后勤保障工作，积极踊跃参军以及后方救助帮扶伤员、捐粮捐款等；共和国工业奠基地，沈阳是"共和国工业长子"，是新中国的第一枚金属国徽、第一台车床、第一架喷气式飞机、数百个"新中国工业史上的第一"的诞生地；雷锋精神发祥地，抚顺作为雷锋的第二故乡，是他成长、学习和奉献的地方，雷锋精神在辽宁得到了广泛传播和深入人心的实践，辽宁因此成为雷锋精神的发源地和传承地。

（二）历史演变与独特的文化特点

辽宁省第十三次党代表大会报告中指出要"深入阐释辽宁'抗日战争起始地''解放战争转折地''新中国国歌素材地''抗美援朝出征地''共和国工业奠基地''雷锋精神发祥地'的丰富内涵和时代价值，传承红色基因，赓续红色血脉"。辽宁省作为中国近现代重要的历史舞台，其"六地"文化不仅承载着丰富的红色文化遗产，而且展现了独特的文化特点和历史演变过程。从抗日战争的艰苦岁月到新中国工业的蓬勃发展，再到雷锋精神的广泛传播，辽宁"六地"文化的形成和发展深受其历史背景、社会变革和时代精神的影响。抗日战争起始地与解放战争转折地这两个文化节点，反映了辽宁人民在民族危难时刻勇于担当、敢于牺牲的英雄品质，为中国人民抗日战争和解放战争的胜利做出了重要贡献。特别是辽沈战役的胜利，不仅是军事上的转折，更是辽宁"六地"文化在抗争精神传承中的重要里程碑。同时，新中国国歌素材地和共和国工业奠基地这两个文化维度，凸显了辽宁在国家文化建设和工业发展中的独特地位。在文化领域，东北抗联的英勇斗争激发了《义勇军进行曲》的创作，使辽宁成为新中国国歌的灵感来源地，展现了文化与抗争精神的紧密结合。此外，雷锋精神发祥地凸显了辽宁在精神文化传承方面的特殊作用。雷锋精神的广泛传播，不仅是对个人品德的塑造，更是对社会主义核心价值观的弘扬。

（三）文化旅游中的角色与作用

在文化与旅游的融合发展中，辽宁"六地"文化扮演着至关重要的角色，不仅促进了地方经济的增长，而且在传承和弘扬红色文化方面发挥了核心作用。随着《辽宁省红色旅游发展规划（2022—2030）》的实施，辽宁省在构建红色文物的保护利用、红色文旅融合示范区等方面做出了积极努力，旨在通过红色旅游加深公众对"六地"文化的理解与认识，从而实现文化的传播与价值的共享。红色旅游的发展，更是一种深刻的文化体验和精神传承。通过参观革命遗址、纪念馆，游客可以直观地感受到辽宁在中国革命历史中的重要地位，理解辽宁人民在不同历史时期所展现出的英雄主义和伟大精神。这种体验不仅增强了游客的国家认同感和民族自豪感，也促进了辽宁红色文化的传承和发展。红色旅游作为文化旅游的重要组成部分，吸引了大量游客前来探访，带动了当地酒店、餐饮、交通等相关产业的发展。这不仅为辽宁省创造了经济效益，也为当地居民提供了就业机会，推动了社会经济的全面发展。通过红色旅游的推广，辽宁省不仅成功地将红色文化资源转化为经济发展的新动力，更重要的是，通过这一平台，将革命先辈的伟大精神和光荣传统传递给了更多的人，激发了全社会对于红色文化的尊重和传承的热情，为构建社会主义核心价值体系贡献了力量。

（四）当代意义与未来展望

辽宁"六地"红色文化资源是党百年来辽宁人民艰苦奋斗的功绩象征，

是在先辈们历经各个革命时期在党的领导下进行伟大革命斗争和建设过程的实践凝结，承载着在辽沈大地上发生的重要历史事件，以史料记载为载体、以理想信念为核心，不断地形成各个年代的"辽宁精神"。通过融合现代设计手段和创新表达，为"六地"文化注入新的活力，使得红色文化与现代社会相互交融，对增强国民的历史意识、文化自信和社会责任感等方面的作用不容忽视。这种文化创新的时代价值为城市文化发展注入了新动力，在新的历史条件下，辽宁"六地"文化的传承和发展面临着新的机遇与挑战，其意义体现在其对于弘扬爱国主义和革命英雄主义精神的重要作用。通过对"六地"文化的深入学习和广泛宣传，可以有效激发广大人民特别是青少年的爱国热情，引导他们继承和发扬中国革命传统和优良品质，为实现中华民族伟大复兴贡献力量。展望未来，辽宁"六地"文化的发展应坚持创新与传承并重的原则，不断拓展文化内涵和外延，加强与国内外文化的交流与融合，提升辽宁"六地"文化的影响力和认同度。同时，应充分利用数字化等现代技术手段，建设更加全面、系统的辽宁"六地"文化数据库和展示平台，为文化研究、教育传承和旅游开发提供坚实支撑。

二、辽宁"六地"文化的展示与传播现状

辽宁"六地"文化的展示与传播现状是显而易见的，现阶段已经利用了多样化的渠道和手段，旨在最大限度地发挥其教育和启示作用。这些渠道既包括传统的物理展览和博物馆，也涵盖了现代的数字化平台和社交媒体，体现了在传播策略上的适应性和创新性。然而，这种多元化的展示与传播模式，在实现广泛覆盖和深入人心的同时，也面临着诸多挑战。

（一）当前展示渠道与传播现状

现阶段，传统的展示方式，如博物馆、纪念馆和历史遗址，通过直观的物理展览向公众呈现辽宁"六地"文化的丰富内涵。这些传统渠道在传承历史记忆、营造红色教育氛围方面发挥了不可替代的作用。然而，由于空间和地理位置的限制，这种展示方式在扩大观众覆盖面、满足不同受众需求方面存在一定局限。随着信息技术的飞速发展，数字化平台和社交媒体成为辽

宁"六地"文化展示与传播的重要手段。官方网站、在线虚拟展览、社交媒体账号等数字化渠道，使得辽宁"六地"文化能够突破时间和空间的限制，达到更广泛的受众。这种方式不仅增加了互动性和参与性，也为年青一代提供了更为便捷的学习和了解途径。当前，辽宁"六地"文化的展示与传播实践表明，虽然已经取得了一定的成效，但仍需进一步优化和创新传播策略，以更好地适应快速变化的社会环境和日益多元化的受众需求。因此，在未来的展示与传播工作中，探索和实施更为高效、互动、个性化的展示传播手段，不仅是提升辽宁"六地"文化影响力的关键，也是对其传承和发展的重要保障。

（二）传播手段与时代特征的结合

在辽宁"六地"文化的展示与传播过程中，传统与现代传播手段的融合使用显得尤为重要。数字化转型已成为当前时代的重要标志。在这个背景下，辽宁"六地"文化的传播亦须借助多媒体技术、社交网络平台和移动互联网等现代数字工具，实现从传统展览讲解向线上互动学习的转变。在推广辽宁"六地"文化时，既要凸显其在中国革命和社会主义建设中的独特地位和贡献，也要通过通俗易懂的语言和形式，使之能够跨越文化差异，为观众所理解和欣赏。辽宁"六地"文化的传播也需要创新方法，以适应现代人的信息消费习惯。这包括开发简短、富有吸引力的文化传播内容，利用社交媒体进行快速分享，以及通过故事化元素讲述辽宁"六地"文化的历史故事，使其更加生动有趣，容易被公众接受。在数媒时代，打造多平台、多渠道的展示形式，能够更好地保护和传播文化，使辽宁"六地"文化代代相传在这片土地。

（三）展示传播中存在的挑战与问题

现今，在辽宁"六地"文化的展示与传播过程中，尽管采取了多样化的手段并取得了一定的成效，但仍面临着诸多挑战与问题，这些挑战不仅影响了文化传播的深度和广度，也制约了文化旅游的可持续发展。

1. 内容碎片与创新不足

虽然辽宁"六地"文化富含深厚的历史与文化价值，但在实际的展示过程中，过分依赖传统的展示形式和内容，缺乏与现代观众审美和接受习惯相契合的创新方式，导致文化传播的吸引力和感染力不强，特别是对年青一代的吸引和教育作用有限。尽管辽宁各地都在开展有关"六地"文化的展示项目，但由于缺乏统一的策划和整合，因展览间关联性不强，导致资源浪费和效果降低。辽宁省的"六地"文化资源距离较远，大多是散点式分布在各地，而这些文化资源和遗址大部分是由不同城市的部门进行管理和运营的，并没有统一的将文化资源整合和宣传，导致"六地"文化之间的关联性没有展现给观众，难以形成整体的"六地"精神品牌。

2. 形式单一和内容重复

展示形式是制约文化传播效果的重要因素。随着信息技术的发展，数字化、互联网等现代技术为文化展示与传播提供了新的平台和可能性。然而，辽宁"六地"文化在这些技术的应用上还存在欠缺，无论是在数字资源的开发利用上，还是在新媒体平台的内容创新和互动设计上，都未能充分发挥现代技术的优势，影响了传播效果的最大化。现阶段各类"六地"文化展览的内容趋同，尤其缺乏深度和差异，容易造成游客审美疲劳而失去吸引力。辽宁"六地"文化的展示与传播需要面向多元的受众群体，不同的受众有着不同的文化需求和消费习惯。缺乏对受众特征的准确把握和需求分析，导致展示内容和传播方式无法精准对接受众需求，影响了文化传播的效率和效果。

3. 技术应用与整合能力不足

随着信息技术的发展，数字化、互联网等现代技术为文化展示与传播提供了新的平台和可能性。然而，辽宁"六地"文化在这些技术的应用上还存在欠缺，无论是数字资源的收集整理，还是数字资源的开发利用及新媒体的内容创新均稍显滞后，影响了传播效果。在新媒体平台的内容创新和互动设计上，都未能充分发挥现代技术的优势。红色文化的年代与现今的时代存在一定的时间间隔，因此新技术的应用反而能缩短红色文化和年轻观众之间的距离。同时，随着数字时代的发展，博物馆的展陈应该随着时代技术发展进行适时升级改造。这些问题均提示辽宁"六地"文化传播需要整合现代技术，创新展示内容，以及更新展陈设计，从而吸引更广泛的受众，提升文化展示的吸引力和传播效率。

4. 展览传播媒介受限的问题

尽管信息技术的进步为文化传播提供了新的平台和工具，辽宁"六地"文化的展示仍然主要依赖于传统的物理展览空间。这种对传统展览空间的过度依赖，在一定程度上限制了文化传播的覆盖范围和受众群体。特别是对于身处偏远地区或无法亲临现场的潜在观众，他们了解和接触"六地"文化的机会大大减少。此外，传统展览媒介在呈现方式上相对单一，难以满足现代受众多样化的需求和对互动体验的期待。扩大展览传播媒介的多样性，特别是加强数字展览平台的建设和利用，成为提升辽宁"六地"文化传播效果的关键。通过虚拟展览、在线互动平台等现代传播手段，可以有效突破物理空间的限制，拓宽文化传播的边界，同时提供更加丰富和立体的文化体验，满足不同受众的需求，从而加强辽宁"六地"文化在全社会中的传播力和影响力。

（四）基于文化价值的展示传播改进方向

辽宁省拥有红色文化遗址遗迹 782 处，但列入国家级、省级文物保护单位和爱国主义教育基地的只占一小部分，还有一大部分没有得到有效保护，这也凸显了辽宁省对红色文化遗址资源传承和发展存在的不足。辽宁"六地"文化展示传播的改进方向应聚焦于基于其深厚文化价值的展现。改进工作应着重于提升展示内容的质量和多样性，确保文化价值的全面和准确传达。这包括运用现代科技手段，如增强现实技术、虚拟现实技术等，创造互动和沉浸式的展览体验，让观众能够更直观地感受到"六地"文化的魅力和深度。同时，需要系统地整合和利用各种新媒体和社交平台，拓宽传播渠道，实现文化价值的广泛传播。通过定制化的内容创作和有针对性的传播策略，吸引更广泛的受众群体，特别是年青一代，增强他们对辽宁"六地"文化的认识和兴趣。加强与教育、旅游等其他领域的联动，通过举办主题讲座、教育工作坊、文化旅游活动等，促进公众对辽宁"六地"文化的深入了解和体验。此外，还应鼓励社区和民众参与，形成共建共享的文化传播机制，从而有效地传承和弘扬辽宁"六地"文化的价值。

三、辽宁"六地"文化展示策略的创新

传承好文化资源，是对历史负责，对人民负责。针对辽宁"六地"文化展示问题找出相应的策略方法，使辽宁"六地"文化资源最大化地展示，真正做到"活起来"。展示策略的创新不仅能够增强文化展示的吸引力和教育价值，还能促进文化与旅游的深度融合，进而推动地区经济和社会的全面发展。通过深化文旅融合的创新展示模式、打造差异化互动体验、创新特展与文化活动，以及融入教育体系的长效机制探索，展示策略的创新不仅为公众提供了丰富多彩的文化体验，更为辽宁"六地"文化的有效传播开辟了新路径。

（一）深化文旅融合的创新展示模式

在探索辽宁"六地"文化展示策略的创新中，深化文旅融合提供了一个极富潜力的路径。这一战略不仅着眼于红色文化的保护与传承，同时也寻求通过创新的展示模式，以适应现代社会的需求和旅游市场的发展。在文旅融合的背景下，展示策略应在尊重历史文化原真性的基础上，探索与现代旅游消费趋势相适应的新形式和新方法。合理融合文旅资源的展示策略是吸引游客、提升影响力的关键。首先，展示策略的创新应当聚焦于故事化和情境化展示。通过多媒体、声光电等技术手段重现历史场景，可以极大提升游客的参与感和体验度，使得文化传承与展示更具吸引力和感染力。其次，展示策略的创新还应当充分利用数字化和互联网技术，拓展展示的空间和形式。通过建立虚拟体验方式，为红色文化的创新传播提供新途径。最后，展示策略的创新还需侧重于多领域融合，形成跨界合作的新模式。将文化展示与文创产品开发紧密结合，通过合作开发一系列集教育、娱乐、体验于一体的综合性文旅项目。

（二）打造差异化互动展示体验

红色文化主题展示空间是一个富有历史、文化内涵和教育意义的场所，不仅是一种展示形式，更是一种宣扬红色文化、传承红色基因的载体。在文

旅融合背景下，打造差异化互动展示体验成为提升文化展示吸引力和教育效果的重要途径。差异化互动展示不仅能够满足不同游客的个性化需求，更能够通过增强体验的参与度和互动性，使游客深刻感受到辽宁"六地"文化的独特魅力，从而达到更好的教育传承和文化传播效果。首先，实现差异化互动展示体验的关键在于充分挖掘并利用辽宁"六地"文化的多样性和丰富性。这种方法不仅增加了展示的趣味性和教育性，也让文化的传播更加生动和直观。其次，从展示策略的角度出发，差异化互动展示体验需要依托现代信息技术的支持。利用大数据、云计算等技术收集和分析游客的偏好和反馈，以此为基础优化和调整展示内容，确保互动展示的持续创新和改进。同时，打造差异化互动展示体验还需注重跨界合作，整合来自艺术、科技、教育等不同领域的资源和智慧。从而有效推动辽宁"六地"文化的创新传播和深度融合，也增加了人们观展的兴趣。打造差异化互动展示体验是实现辽宁"六地"文化展示策略创新的重要方向，通过巧妙地结合文化多样性、现代技术和跨界合作，能够有效提升游客的参与度和满意度，为辽宁"六地"文化的传承与发展注入新的活力。

（三）创新特展与文化活动

创新特展与文化活动的策略是实现文旅融合、促进文化传承与创新的重要手段之一。这一策略的核心在于通过设计与实施一系列新颖、富有吸引力的特展和文化活动，既展现辽宁"六地"文化的深厚底蕴，又满足现代观众对文化体验的多元需求，从而加深公众对辽宁"六地"文化的认识和理解，增强文化的互动性和体验性。通过定期更新展品和丰富展览内容，展馆能够保持展览的新鲜感和吸引力，不断满足游客的需求和期待，促进游客的回头率和口碑传播。首先，创新特展的设计需要深入挖掘"六地"文化的独特价值和时代意义，结合现代展览设计理念和技术手段，创造出既有历史深度又具现代感的展览体验。其次，文化活动的创新则要求充分利用"六地"文化资源，开发一系列涵盖教育、娱乐、互动等多功能的活动项目。这包括但不限于历史讲座、文化工作坊、互动体验日等，通过这些多样化的活动形式，吸引不同年龄层和兴趣背景的参与者，促进文化交流和共享。通过创新特展与文化活动的策略，辽宁"六地"文化展示不仅能为公众提供更加丰富多彩的文化体验，也能为辽宁文化旅游的发展注入新的活力，推动辽宁"六地"文化的传播与发展步入新的阶段。

（四）融入教育体系的长效机制探索

融入教育体系的长效机制探索是实现文化传承与普及的关键。在该策略背景下，强调的是通过系统性地将对辽宁"六地"文化内容的梳理，对标不同的教育层次，培养公众特别是青少年对红色文化的认识和价值观，从而促进文旅融合及文化的深度理解和广泛传播。探索融入教育体系的长效机制需从文化资源的内容和教学方法入手。结合辽宁"六地"文化的特点和价值，开发一系列适合不同教育阶段的教育资源和课程，如编制特色教材、设计互动式学习活动，以及开展实地考察等。通过这些多样化和富有吸引力的教育内容和方式，可以有效提升学生对辽宁"六地"文化的兴趣和参与度。长效机制的建立还需要强化校外教育和社区参与。通过与博物馆、纪念馆等文化机构合作，开展丰富的校外教学和社区文化活动，如文化讲座、展览导览、文化体验营等，不仅丰富了学生的学习体验，也促进了社区居民特别是家长对辽宁"六地"文化的了解和参与。通过建立评估和反馈机制，不断调整和优化教育内容和方式，确保教育活动的质量和效果，从而形成一个持续、活跃、互动的文化教育环境。

辽宁"六地"文化不仅是红色文化的重要组成部分，更是地方文化旅游发展的宝贵资源。实施这些策略，有助于实现辽宁"六地"文化与现代社会的有效融合，推动地方文化旅游业的发展，增强文化自信，促进社会主义核心价值观的建设。未来，辽宁"六地"文化的展示与传播工作需不断探索创新的展示方法和传播渠道，特别是充分利用数字化技术，提升数字展示能力和网络传播效率。同时，加强跨领域合作，构建多领域的协同发展机制，为建设文化强省、促进社会主义文化繁荣进步做出新的更大贡献。

第六章 辽宁省文创设计的发展与探索

党的十九大站在历史和全局的高度，指出我国社会主要矛盾已经转化为人民日益增长的美好生活需要和不平衡不充分的发展之间的矛盾。作为响应这一新时代需求的重要措施，大力发展文化产业不仅是增强国民经济实力的战略选择，更是实现人们文化权益、丰富精神世界以及促进人的全面发展和社会全面进步的重要途径。近年来，我国文化及相关产业保持了平稳而快速的增长势头，其增加值在国内生产总值（GDP）中的比重持续攀升，充分体现了文化产业在全国经济结构中的增长潜力与战略地位。

在这一大背景下，辽宁省秉承中央精神，致力于传承和创新发展本地传统工艺，同时积极推动现代工艺美术的发展。省政府特别指导企业与艺术设计院校、行业协会建立了紧密合作的产品设计开发体系，这一战略举措有效地融入了新的创意设计理念和前沿技术，为传统工艺品注入了新的活力。通过发挥地理和资源优势，辽宁省重点提升了鞍山岫玉、阜新玛瑙、本溪辽砚、朝阳紫砂和树化石等一系列具有地域特色的工艺产品的国内外市场竞争力。这些措施不仅提高了美术陶瓷、玻璃工艺、金属工艺、羽毛画等多种工艺技术水平，也有效推动了辽宁省传统工艺美术业向高端化、精品化方向的战略转型。

第一节 文化资源与文创设计定位研究

辽宁省的文化创意产业发展必须基于其独特的文化背景。该产业的构建与发展形成了一个不可分割的整体。以辽宁省丰富的历史文化资源为基础，以其文化创意产业为研究对象，深入探索文化背景下文创设计的发展方向与战略定位。在文化传承的视角下，文创产品设计需深入解析文化器物中内含的文化元素，并着重提升文创产品的体验价值，以最大限度地展现其科技和文化的增值效应。

文化创意产品，或称文化创意衍生品，是基于优秀文化元素，通过跨学科合作，依托现代科技手段，并利用不同的产品载体所构建的文化再造与创新成果。这些产品结合了知识产权，形成了高附加值的文化产品。文创产品不仅是优良的文化载体，而且随着国家的重视和公众的关注，我国正在不断增加致力于文创产品开发的文化场所。文创产品的设计应实现其民族性与地域性、艺术性与文化性、时代性与经济性的有机统一。然而，市场调研显示，当前部分文创产品存在文化属性不显、同质化严重及盲目追求经济效益的问题。因此，文创产品的设计与开发应更加重视文化的传承，使消费者能通过产品深入了解并认识文化。对于设计行业的从业者而言，探讨如何通过设计手段促进文创产品的发展并实现文化传承，是一个具有重要研究价值的课题。

一、文化符号

东方文化的美学深刻影响了中国人对文化符号的热情。从古典文学到传统艺术，这些文化典籍中的角色形象已经超越其原有的叙述角色，成为文化创意发展的核心基因。尤其在文化创意产品的设计与创新中，这些符号化的元素为产品增添了显著的文化价值和深度。

辽宁省，凭借其丰富的文化资源和独特的地理位置，历来是多民族和多文化交融的汇聚地，天然具备发展文化创意产业的优势。然而，这些文化资源的脉络并非总是明晰，这在一定程度上限制了其在文化创意产业中的应用与传承。因此，进行多维度的调研显得尤为关键，旨在挖掘能代表辽宁省的独特文化符号，特别是那些能够激发年青一代共鸣的文化符号。在探寻这些文化符号的过程中，我们必须认识到文化的本质是流动的、变化的、可塑的。辽宁的文化符号探寻工作需要不断地适应不同时代的需求。这一过程不仅是对传统的挖掘，更是一种创造性的重塑，意在将传统文化与现代审美、技术手段及市场需求相结合。为了更有效地塑造辽宁的文化创意符号，并确保这些符号紧贴时代脉络，我们需要依托现代设计理念和技术，重新诠释这些文化遗产，使其不仅仅停留在传统展示的层面，而且转化为活跃在现代市场中的生动实体。这样的策略将使辽宁的文化创意产品更好地融入当前的文化创意语境，满足市场需求，同时推动地方文化的传承与创新。通过这种方式，辽宁文化创意符号的塑造将更加贴近时代脉络，有效地适应当前辽宁文化创意产业的环境和市场需求。

二、时代故事

文化是需要传讲的，在当下的语境中我们要精确而生动地讲好与时代相连的故事。这一过程涉及文化的系统记录、细致的诠释以及创新的转化，这些活动最终促使文化元素演变成文创产品。在本质上，这个过程是通过多样化的媒介手段实现文化价值向更广泛受众的传播。在文创产品的设计中，围绕一个核心故事进行的多样化演绎不仅揭示了文创设计的结构性复杂度，同时也体现了其创造性。通过对文化资源的广泛和多维度调研，我们不断地挖掘、重塑时代故事，并将这些故事在文创设计中转化为具备商业潜力的知识产权（IP）。这种从文化价值向商业价值的转变，不仅加速了文化的广泛传播，而且显著提升了其在市场上的吸引力。

更加深入地讲述辽宁的时代故事，挖掘传统文化中潜在的主题，关键在于识别和挖掘适合的文创表达形式，从而有效地激活和重现那些具有时代特征的故事原型和传统文化的基因。这一过程不仅保证了文化遗产的有序传承，而且推动了文化的创新和再创造，确保其更好地适应和响应当代社会的需求与审美观念。通过这样的方法论，我们能够确保辽宁的丰富文化遗产被转化为符合现代消费者期待的文创产品。这种转化不仅有效地弘扬了地方文化，还为地方经济的发展注入了新的活力，通过创新的表现形式提升了文化的时代感和社会影响力。这样的策略，为文化传承与创新提供了一个模式，展示了如何通过当代视角重新理解和表达传统文化，使之成为社会发展的有力支撑。

三、创新语言

从文化创意设计的视角探讨文化资源，已经隐含了对创新性的基本预设。创新在此处不仅体现为进化与迭代的能力，它还有潜力颠覆传统产业结构，或作为加速社会进步的催化剂。在此理论框架之下，我们需从文化的广泛视角全面审视文化资源所遭遇的困境、挑战及其带来的迷茫，以探索潜在的解决方案，旨在实现文化与商业的双重突破。理解文化创意，本质上是洞察我们这个时代生活方式与价值观念的转变。在这种转变中，创新语言扮演着至关重要的角色，它不仅是信息与形象的创新表达，而且是一种战略性定位工具。这种创新的语言定位的主要目的在于突出文化形象，进一步强化文化本身的独特性和显著特色，从而在文化与商业的交汇处创造新的价值。在实际应用中，创新语言的运用要求设计者深入挖掘文化的核心价值和内涵，并通过独特的视角和创新的表达方式，将这些文化特质转化为具有感染力的视觉与文字语言。这种创新转化过程不仅能够增强文化产品的吸引力，而且能够有效地与现代消费者的审美和认知需求接轨，从而显著提升文化的传播效果和市场竞争力。

四、弥合共生

如何将一个省份转化为一个具有辨识度的文化 IP？如何使用文化资源助力辽宁文创产业转型升级？文创产业涉及多种文化资源的弥合共生。这一过程不仅要求文化资源与文创产业的有机结合，更需要将这种结合上升为区域文化发展的战略方针。文创产业的发展不仅仅是将文化资源作为工具使用，而且是要深植于辽宁丰富的文化脉络与持续的发展轨迹中。通过对辽宁省内的文化资源进行全面梳理和评估，文创的策略性重塑不仅帮助确认了辽宁作为文化 IP 的核心价值观，也为辽宁文化创新的发展途径提供了明确方向。这一研究的核心目的在于通过精确的市场定位和创意实践，探索适合辽宁特色的文化资源与文创设计的有效融合方式，构建可持续发展的实践框架，促使这种整合在更广泛的地区得以成功实施。这种整合策略不仅强调了文化的深层价值与现代创意表达的结合，还确保了文化传承与创新的协同进展。辽宁的文创产业，通过这种策略的实施，不仅能够增强其作为 IP 的独特性和吸引力，还能在全球化的市场中展示出显著的竞争优势。此外，这一策略还强调了文化产品的国际化视野，使辽宁的文化资源不仅在国内受到重视，也能在国际市场上发挥其独特影响力。

第二节　文创产品设计的市场需求分析

近年来，文化创意产品作为文化传承的重要载体，已经获得了国家、社会及广泛民众的高度关注。2014 年，国务院发布了《关于推进文化创意和设计服务与相关产业融合发展的若干意见》，该政策显著推动了文化创意与设计服务与相关产业的深度融合，从而进一步激发了文创产品消费需求的显著增长，并使得文创产品设计及其相关产业成为我国经济的新增长点。文创产品设计在多个层面上发挥了关键作用，尤其是在增强文化竞争力、提升国家文化软实力方面。通过引入创新设计理念和技术，文创产品不仅丰富了市场的文化产品种类，也提高了文化产品的市场吸引力和国际竞争力。同时，文创产品的发展还促进了经济发展模式的转型，将传统的以制造为主的经济模式转变为创意和设计驱动的新型经济模式。这种转变不仅提高了经济活动的附加值，也有助于推动经济结构的优化升级。

随着国内消费结构的不断升级，原本依赖门票收入的传统场景经营模式已开始出现疲态，促使越来越多的文化场所转向开发文创产品。以故宫博物院为例，通过其文创产品，故宫将传统文化以创新方式呈现给了公众，成为该趋势的突出代表。据《经济日报》报道，到 2017 年年底，故宫的文创产品种类已达到 10000 多种，年营业额高达 15 亿元人民币。这些文创产品不仅多样化了盈利模式，还有效地弘扬了优秀文化，促进了游客的二次消费，并帮助景区从单一的"门票经济"中解脱出来，显著提升了其文化价值。此外，随着人们对精神文化生活追求的提升，文创产品以及旅游相关的文创产品逐渐成为市场的新消费热点。这些产品以高投资回报率和强烈的融合性为特点，受到越来越多创业者的青睐，特别是许多年轻人将其作为创业的切入点，这些项目通常启动容易且周期较短。随着对设计感和设计水平的不断重视，国内文创产品的质量和多样性显著提升，使得传统的文化衍生品类型焕发出新的活力，并催生了众多具有鲜明地域和民族特色的文创产品。综合考量政策支持、市场需求以及投资盈利性等多维度因素，预期文创产品的投资热潮将长期持续。作为一个具有高度创新性和较强科技含量的产业，文创产业的未来发展将更加重视文创产品的创新力及科技的应用。此外，文创衍生品及非物质文化遗产（非遗）产品的设计水平亟须提高，需要系统地增强产品的视觉吸引力、便捷性、实用性及舒适度，以提升其在市场上的价值。在营销策略方面，结合互联网技术与大品牌共同开展的"文化电商"活动预计将成为主流，同时，通过影视剧植入或与网络红人的合作推广等手段，加强产品的市场推广效果。

在全球化与数字化的大背景下，文化创意产业正在与工业、数字内容产业、城市建设业及现代农业等相关行业展开跨界融合。在"文化＋科技""文化＋旅游""文化＋金融"的模式推动下，文创产业的升级态势越发明显。文化体制改革的浪潮促进了众多转企改制的影视、出版行业精英的崛起，标志着以创意经济为主导的时代，更加注重文化与科技的融合及创意创新的核心作用，这些变革预示着文化产业升级换代的发展方向。此外，这种趋势不仅表明文创产业的结构性调整，也反映了科技进步对传统文化传播方式的深远影响，为文创产业的可持续发展提供了新的动力和视角。文化创意产品的广泛影响体现在促进就业、激发创新能力以及推广地方文化特色等多个方面。这些产品通过整合传统艺术与现代科技，不仅为艺术家和设计师提供了一个展示其才华的平台，同时也为相关的制造业和服务业开辟了新的商业机会。此外，文化创意产品的推广亦促进了地方文化的国际传播，从而增强了地方文化的全球影响力。

第三节　辽宁省文化资源的可视化设计

辽宁省的文化资源可视化设计计划致力于深度探索并呈现该地区丰富的文化遗产，采用创新的视觉手段使公众能够更加直观地理解并赏识辽宁的历史和文化多样性。该项目广泛涵盖从传统艺术到现代文化的各个领域，涉及历史遗迹、民俗传统、艺术表现形式及重大文化事件。项目旨在通过对文化元素的精心策划和设计，构建一种多层次、多维度的视觉叙事结构，使得观众能够在多感官的体验中，感受到辽宁文化的独特魅力和深远影响。通过创新的视觉和技术手段，辽宁省的文化资源可视化设计极大地丰富了公众的文化生活，增强了社会对辽宁文化遗产价值的认识和尊重。

一、全景数字化展览

辽宁省积极整合优势资源，促进业态融合，全力打造结合文化和旅游特色的新业态、新实体和新模式。在"文化+"和"旅游+"的战略指导下，省内旨在展现时代的新价值。例如，"六地"红色旅游通过采用数字化和智能化技术，成功创建了沉浸式体验的新场景。

为了强化可移动文物的预防性保护与数字化应用，沈阳故宫博物院根据国家文物局发布的通知启动了"基于强融合理念的数字博物馆建设"项目。该项目于2020年11月正式启动，旨在通过先进技术强化文物保护和公众接触方式，包括"云上故宫"游客智慧服务应用、藏品的数字化采集与加工以及沉浸式数字化展示等核心内容。此外，该项目还涵盖资源库管理系统、藏品管理系统以及展厅全景数字化数据的采集与加工等方面。沈阳故宫实施的"基于强融合理念的数字博物馆建设"项目已经完成终期验收。该项目的成功验收标志着以藏品管理为核心的业务平台及以对外展示为核心的"云上故宫"应用程序（APP）的建设不仅已经完毕，而且已正式投入使用。这一进展为公众提供了更便捷的数字化访问方式，同时也优化了博物馆的藏品管理和展示效率。

沈阳故宫博物院最近推出了八个全景数字化展览，涵盖"清前历史陈列展""十王亭——清武备展""清代宫廷钟表展"以及"清宫动物造型文物展"等主题。这些展览已通过沈阳故宫博物院的官方网站及其在微信公众平台的移动端数字展厅正式上线。现在，公众可以在线浏览每个展览至少30个详细全景图，从而在家中就能体验虚拟"云游"沈阳故宫的新方式。

展厅全景数字化数据的采集与加工环节已成功完成，包括"龙耀帝乡——清代宫廷御用品展""壮美山河——沈阳故宫馆藏山水题材文物特展""天然成趣——馆藏齐白石书画展"等八大展览的全景数据采集。每个展览的展板设计支持通过鼠标滚轮进行放大，极大地提升了用户的浏览便利性与互动性。公众现可通过沈阳故宫博物院的官方网站或其微信公众平台的移动端数字展厅，在线查看每个展览至少 30 个全景图。对于希望体验"云游故宫"的市民，可通过微信小程序搜索"云上故宫"体验智慧服务应用程序。具体而言，手机用户可以关注"沈阳故宫博物院"的官方微信平台，通过菜单栏中的"服务—数字展厅"进行访问；PC 用户则可直接访问沈阳故宫博物院的官方网站，并点击"数字博物馆—数字展厅"进入。这一系列数字化措施不仅使文物保护与展示更加现代化，同时也为广大文化爱好者提供了一种全新的互动方式。

二、非物质文化遗产的宣传展示

辽宁的非物质文化遗产涵盖了丰富多样的传统手工艺、民间艺术、传统表演艺术和民俗活动，每一种形式都蕴含着浓厚的地域特色和深厚的文化价值。通过宣传和展示这些非物质文化遗产，不仅可以提升公众的文化自豪感，还能促进文化旅游和地方经济的发展。在博物馆和文化中心设立常设和临时的非物质文化遗产展览，通过实物展示和互动体验，访客可以深入了解这些传统艺术的制作过程和文化背景。展示辽宁的非物质文化遗产，包括传统手工艺、民间艺术、传统表演艺术和民俗活动等，不仅有助于增强公众的文化自豪感，还能推动文化旅游和地方经济的发展。通过在博物馆和文化中心设立常设和临时的非物质文化遗产展览，访客可以通过实物展示和互动体验，深入了解这些传统艺术的制作过程和文化背景。这种展示方式，不仅有助于保护和传承非物质文化遗产，还能激发公众对传统文化的兴趣和热爱，从而促进文化遗产的可持续发展。

2022 年 6 月 11 日是"文化和自然遗产日"。为了响应这一日的宣传活动精神并全面展示辽宁省在非物质文化遗产保护领域的成就。活动旨在通过精心策划的非遗活动系列，增强公众的文化获得感、满足感以及对民族文化的认同感。活动将展开多元化的互动和体验式活动，促进公众深入了解非物质文化遗产，并激发对传统文化保护的关注和支持。此外，活动还将强调非物质文化遗产在现代社会中的应用和传承的重要性，推动地方文化的创新与发展。本次活动月将依托线上与线下两大平台，采用展览展示与直播录播相结合的策略，推出六项主题内容。线上包括"云游非遗·影像展""非遗购物节"及"非遗大课堂"；线下包括"精艺传承夺天工——辽宁省非物质文化遗产雕刻技艺专题展""我们的节日·非遗乡村行——端午主题展"及"非遗嘉年华——沈北万达活动周"。通过"非遗＋互联网""非遗＋商场""非遗＋景区"及"非遗＋文物"的创新模式，活动致力于展现"融合""创新""传承"和"共享"的核心宗旨，激发非物质文化遗产的活力，支持乡村振兴战略，实现"人民的非遗，人民共享"的目标。云游非遗·影像展在辽宁省显著地展示了国家级非物质文化遗产（非遗）代表性传承人的影像记录成就。自 2016 年该项目启动以来，共有 38 名传承人的项目获得了正式批准，其中 20 个已完成的项目中，有 5 个被评为全国优秀项目，显示了辽宁省在非遗保护和传承方面的卓越努力与成就，分别涵盖了医巫闾山满族剪纸艺术家赵志国和汪秀霞，复州皮影戏的宋国超，古渔雁民间故事的刘则亭，以及凌源皮影戏的刘景春。除此之外，展览还特别加入了庄河剪纸艺术家韩月琴和锡伯族喜利妈妈信俗的传承人吴吉山的两部最新完成的纪录片，通过微博、微信、抖音、B 站等新媒体平台进行首播，以扩大其影响力并增加公众参与度。这些纪录片不仅深入揭示了传承人的个人心路历程及其艺术生涯的起伏与成就，还展示了他们如何在保护和传承非遗的过程中发挥着核心作用。每一部作品都是对传承人生活的真实记录，展示了他们如何通过自己的技艺和创造力，将传统文化与现代社会需求相结合，从而使传统文化在新的时代背景下得以刷新和复兴。

通过展示非物质文化遗产传承者在现代社会中的持续传承与弘扬活动，进一步激发了公众对传统文化的关注与尊重。这种展示不仅引导了社会各界对非物质文化遗产保护的重视和支持，还凸显了传承者在文化延续中的重要作用。展览不仅是对传承者个人才华的认可，更是对他们所代表的无形文化价值的肯定，凸显了非物质文化遗产在连接过去与未来，维持文化多样性中的关键角色。这种创新的展示与传播策略，为非物质文化遗产的保护与传承提供了新的视角和实践路径。通过这种方式，非物质文化遗产的活力得到了有效激发，同时也支持了乡村振兴战略的实施，实现了"人民的非遗，人民共享"的目标。展示活动不仅提高了公众对非物质文化遗产的认知与重视，还为传承者提供了更多展示与传播其技艺的平台，从而促进了非物质文化遗产在现代社会的广泛传播和持续发展。

三、历史典籍

历史构成了地域的根基，而文化则是地域的灵魂，连接这两者的则是地域的文脉。沈阳市文史研究馆自 2008 年便启动了"沈阳历史文化典籍丛书"项目，致力于传承并弘扬盛京深厚的文化遗产。该项目的目标是系统整理和出版辽沈地区历史上被遗忘的重要文化典籍，尤其是那些记录沈阳历史沿革、城市变迁、重大事件、典章制度、社会生活、人物传记、文化著述以及风俗风物等方面的珍稀文献。项目优先整理那些具有显著参考价值的手抄本和孤本典籍，如《沈阳百咏》《陪都纪略》《奉天古迹考》等罕见作品。通过逾十年的持续努力，该馆已成功出版了九辑共 27 册历代典籍，这些成果不仅充分展现了沈阳的文化深度，而且在全国文史界产生了显著影响，赢得了学术界的广泛赞誉。此外，沈阳市文史研究馆还编纂了《东北第一城——沈阳往事》《沈阳历史大事本末》《沈阳历史人物传略》《沈阳历史大事年表》《沈阳地域文化通览》以及《赞咏沈阳诗赋经典百篇》等一系列地方历史丛书。这些出版物为沈阳地方史的系统化和规模化奠定了坚实的基础，进一步丰富了公众对该地区丰富历史和文化的理解。

抢救、挖掘和整理辽宁省的历史文化典籍是一项极具成效的文化保存工作。这些努力不仅逐步揭示了沈阳乃至辽宁省的地域文脉，还进一步提炼和挖掘了这些典籍中蕴含的丰富文化精华与价值。古籍遗存的激活不仅拓展了我们对历史的认知，也为文化创新和持续发展提供了宝贵的资源。通过这种古为今用的方法，整理出的历史文化典籍转化为推动辽宁省社会经济发展的内在动力，展示了传统文化与现代社会发展之间的密切联系和相互促进的关系。首先，抢救和整理历史文化典籍的工作逐渐揭示了辽宁省的地域文脉，使得这一地区的文化遗产得以系统性地呈现和传播。这不仅有助于提升公众对本地区历史文化的认知和理解，也为学术研究提供了新的素材和视角。通过深入挖掘和分析这些古籍，研究者能够进一步探讨辽宁省的历史发展脉络和文化传承，从而丰富对中国历史文化的整体认知。其次，历史文化典籍的整理工作为文化创新和持续发展提供了宝贵的资源。古籍中的思想、艺术和技术不仅是历史的见证，也是现代文化创新的重要灵感来源。通过古为今用的方法，这些古籍的内容可以被转化和应用于当代社会，成为推动辽宁省社会经济发展的内在动力。例如，传统技艺的复兴和应用，不仅能推动相关产业的发展，还能促进文化旅游业的繁荣。最后，这些成果的广泛传播和应用，也助力了地区文化遗产的保护和传承。通过现代传播手段和教育项目，古籍中的文化精华得以在更广泛的社会群体中传播和应用。这种传播不仅提高了公众对文化遗产的认知和尊重，也为文化遗产的保护和传承提供了新的路径。例如，通过数字化手段将古籍内容呈现于在线平台，既方便了学术研究，也使得普通公众能够更便捷地接触和了解这些珍贵的文化资源。

辽宁省历史文化典籍的抢救、挖掘与整理工作，不仅揭示了地域文脉和文化精华，还为文化创新和社会经济发展提供了重要资源。这些努力展示了传统文化与现代社会发展的密切联系和相互促进的关系，通过广泛传播和应用，也推动了地区文化遗产的保护和传承，为非物质文化遗产的保护和推广开辟了新的视角和实践路径。

第四节　以辽宁省特色为基础的文创产品创新

文化创意产品研发，作为全球经济一体化环境下以创造力为核心的新兴产业，依靠创新设计和先进科技手段，对文化资源进行系统挖掘与价值提升。在国家政策支持和推动文化自信的战略框架下，发展融合高新技术、文化创意和数字媒体的文创产业已成为提升国家文化软实力和构建文化强国的关键策略。辽宁省响应博物馆文创产业的发展新趋势，通过与众多合作伙伴的共同努力，采取积极措施持续推进产业的高质量发展。

一、革新传统销售模式

为了实现持续发展，改革成为必不可少的策略。在当前消费时代背景下，人们的购物习惯已经从传统的物质消费转变为更深层次的精神和文化追求。这种转变促使像诚品书店和西西弗书店这样的综合性书店应运而生，它们集人文、艺术、创意及生活方式于一体，以其清新独特的装修风格和宽敞的空间环境，挑战了传统的销售模式。

辽宁省博物馆的文创商店积极响应这一时代趋势，从原本的封闭式柜台销售转变为开放式自选购买，并进行了大规模的扩建和改造。这种改造不仅提升了空间的利用效率，还通过精心设计的灯光和背景音乐，创造了一种集文创产品、生活场景与艺术美学于一体的文化空间，为观众提供了更加沉浸式的体验。这使得顾客在享受传统文化带来的舒适与宁静的同时，也愿意花费更多时间在店内，增强了消费者的购买意愿。这种模式的转变不仅适应了现代消费者的购买习惯，还显著减少了对销售人员的依赖，从而降低了运营成本。辽宁省博物馆文创商店特别注重提供具有博物馆特色的文创产品，如专业书籍、高清书画复制品，这些产品深受观众喜爱。同时，结合文物 IP 授权的艺术家雕塑、手工制作的铜壶、鞍山铁壶、岫岩玉件等地域性高端艺术品的引入，不仅丰富了产品种类，也大大提升了商店的市场吸引力。通过这些创新举措，辽宁省博物馆文创商店不仅重获新生，而且其活力和竞争力显著增强。这种以文化为核心的商业模式不仅促进了文化产品的销售，也为文化的传播和普及做出了重要贡献，从而有效地支持了区域文化创意产业的繁荣发展。这一系列的努力和成就展示了辽宁省博物馆在推动地方文化创新和传承方面的重要作用，为其他文化机构提供了宝贵的经验和参考。

二、委外合作产品研发

自 2015 年 3 月《博物馆条例》正式颁布后，博物馆被明确授权可以进行商业活动，并鼓励通过多样化的筹资方式来促进其自身的发展。这一政策的改变极大地释放了博物馆的潜力，激发了它们在发掘和利用自身独特资源方面的积极性，特别是在文创产品开发领域实现了显著的创新和突破。多年来的实践和探索已经使博物馆文创产品从最初阶段的简单图像复制，如常见的旅游纪念品，转变为一个涉及多角度观察、多种手段实施以及多种媒介应用的全面立体设计过程。这种转变不仅仅是形式上的创新，更是内容与功能的深度整合。博物馆开始利用企业在市场营销、创意设计和制造加工方面的显著优势，通过资源共享和能力互补，与各类企业建立了密切的合作关系。这种跨领域的合作不仅限于传统的文创企业，还涉及科技公司、设计工作室和教育机构，从而形成了一种新的合作模式，即"馆企合作"和"馆校合作"。这些合作不仅推动了文创产品的创新和多样化，也为博物馆带来了新的发展机遇。通过这些合作，博物馆能够将其丰富的文化资源转化为各种具有市场潜力的文创产品。这些产品不仅深受消费者喜爱，更加强了公众对博物馆藏品的认知和兴趣。此外，这种开放的合作策略还帮助博物馆实现了与现代商业生态系统的有效对接，使得博物馆在维持文化传统的同时，也能适应现代市场的需求。

近年来，辽宁省博物馆在文化创意产品的研发上展现出卓越的创新能力和显著的扩展，通过自主研发、合作开发和知识产权（IP）授权等策略，实现了品牌合作、跨界融合和资源集聚的跨越式发展。通过积极拓展商业合作渠道，辽宁省博物馆在纸制品、瓷器制品和日常生活用品等多个领域展开合作，与 14 家各具特色的文化企业达成合作，共同研发了超过千种集博物馆文化内涵、艺术性与实用性于一体的高品质文创产品。在具体产品线的开发上，辽宁省博物馆展现了丰富的创新力和市场敏感性。以馆藏名作《瑞鹤图》为灵感源泉，博物馆设计并推出了一系列深受市场欢迎的衍生产品，如折扇、抱枕、台灯和笔记本等。这些产品一经推出便迅速售罄，显示了其高度的市场吸引力和文化影响力。此外，博物馆还推出了《辽博日历》和《辽博周历》等文化日用品，这些产品采用红色丝纹布面并进行烫金处理，设计古朴端庄，散发出浓郁的传统书卷气息。内页设计留有大量空白，供用户记录随笔感悟，提供了与古代国宝跨越千年进行对话的独特体验，完美融合了实用性与审美享受。辽宁省博物馆通过自主研发、合作开发和 IP 授权等多种策略，显著提升了文化创意产品的质量和市场覆盖面。自主研发使博物馆能够自主掌控产品的设计和生产，确保文化内涵的精准传达。合作开发则通过引入外部创意和技术，增强产品的创新性和多样性。IP 授权为博物馆带来了更多的商业合作机会，促进了品牌影响力的扩大和资源的集聚。

博物馆在文化创意产品的研发过程中，不仅注重产品的市场潜力和商业价值，更关注文化传承和艺术价值的体现。通过创新设计和市场化运作，辽宁省博物馆成功将传统文化元素融入现代生活，增强了公众对文化遗产的认知和热爱。同时，这些文创产品也为博物馆带来了可观的经济收益，推动了博物馆自身的可持续发展。辽宁省博物馆在文化创意产品研发方面取得的成功，不仅为博物馆本身带来了经济效益和品牌影响力的提升，也为文化产业的发展提供了宝贵的经验和借鉴。通过多元化的策略和创新的产品设计，博物馆实现了文化传承与现代生活的有机结合，推动了文化创意产业的繁荣发展。辽宁省博物馆的这些创新尝试不仅加深了公众对传统文化的理解和欣赏，还有效地将文化遗产转化为可触及的现代产品，增强了人们的文化体验和生活质感。通过这些成果，辽宁省博物馆不仅巩固了其在文化界的领先地位，也为其他博物馆和文化机构提供了成功的商业模式示范。此外，辽宁省博物馆的策略还体现了博物馆如何通过创新和合作，将文化资源转化为经济资本，进一步证明了文化与商业的结合可以是相互促进、共赢的关系。

三、艺术与实用性结合

专题展览构成了博物馆教育服务的核心与持久部分，通过融合文物之间的相互关系，并结合历史脉络与时代发展的多重维度，凝练成为一个主题的公共展示，履行文化传播的重要使命。随着时间的推移，现代观众的期望已超越了传统展览厅的体验，他们更倾向于通过创意产品将文化体验带入日常生活。在这种环境下，展览中引入标志性的印章作为创新元素，以迎合当前流行的"打卡"文化，因此受到了广泛的欢迎与追捧。每场展览都精心设计独具特色的印章图案，通常置于展览出口，供观众使用。展览结束后，观众常将这些印章盖在自带的笔记本上，作为展览体验的纪念。这种互动方式的广泛采用促使越来越多的展览采纳此方法，吸引了众多博物馆爱好者前往各地博物馆收集这些独特的展览印章。这不仅仅是一种收藏行为，也转化为了与展览互动的珍贵记忆，同时也成为博物馆展览体验的持久标记。这一趋势展示了观众对于参与性和互动体验的日益增长的需求，反映出博物馆如何通过创新策略来提高观众的参与度和满意度。

（一）山高水长——唐宋八大家主题文物展

在 2020 年 12 月，辽宁省博物馆精心策划并成功举办了"山高水长——唐宋八大家主题文物展"，这一展览吸引了广泛的社会关注。为了提升展览的教育价值和互动性，博物馆专门围绕展览主题研发了超过 80 个品类、400 多个种类的文化创意（文创）产品。这些产品经过精心设计，不仅体现了唐宋时期的艺术特色，而且极大地丰富了观众的体验。辽宁省博物馆与当地美术学院的教师合作开发了《唐宋小古人趣味游戏书》及其配套的绘画套盒，这些产品整合了涂色、连线、拼图、迷宫和找不同等多样化的游戏形式。这种创新的产品设计旨在以寓教于乐的方式提升儿童的多项核心技能，具体包括观察力、创造力、学习能力、协调能力以及绘画表现力。通过这些富有教育意义的游戏，孩子们在玩耍的同时能够自然而然地掌握相关的历史知识和艺术技能，进一步深化他们对唐宋时代文化的理解和认识。

这一系列文创产品的开发不仅是辽宁省博物馆教育功能的优秀展现，而且通过将传统文化以创新的形式呈现给公众，有效地扩大了展览的影响力，为文化遗产的传承提供了新的视角和动力。此外，这些产品的成功也展示了博物馆在文化创意产业中的创新潜力，为未来的展览和教育项目提供了宝贵的经验。辽宁省博物馆通过这种方式，不仅加强了与公众的互动，也激发了更广泛社会对历史文化的兴趣和尊重。这种创意与教育相结合的做法是辽宁省博物馆在追求文化传播和教育目标上的重要尝试，它证明了博物馆可以通过现代化的方法和跨学科合作来活化传统资源，使之成为现代社会教育与文化活动的重要组成部分。这些努力和成果不仅丰富了博物馆的功能，也为博物馆和文化机构如何利用创新策略增强公众参与提供了示范。

（二）龙城春秋——三燕文化考古成果展

辽宁省博物馆在 2021 年 5 月成功举办了"龙城春秋——三燕文化考古成果展"，此次展览汇集了超过 300 件珍贵文物，涵盖金器、玻璃器、铜器、铁器等多种类别。基于这些文物的丰富内涵，博物馆开发了逾 20 种文化创意产品，包括手账本、便签、帆布袋、书签、纸胶带等，极大地丰富了观众的参观体验及文化收藏的选择。手账本的设计紧扣展览主题，精选了 50 件展出文物的高清图片，并结合讲解员的专业语音讲解。这些内容可以通过扫描手账本中的二维码获取，为观众提供了一种创新的互动方式。这样的设计让手账本不仅仅是记录日常的工具，更成为一种独特的观展体验媒介，使观众能够深入理解三燕文化以及辽宁地域文化的独特魅力和深厚底蕴。这种文化创意产品的推出有效扩展了博物馆的教育与文化传播功能，使观众能将展览体验延伸至日常生活中，同时提供了一种创新方式以保存和回顾文化知识。此外，这种将传统文化元素与现代生活用品结合的做法不仅加深了观众对展览的兴趣，也促进了文化产品的市场化，展示了博物馆在推广地方文化方面的创新能力和积极探索。这种多功能的手账本，实现了时间管理、记事和观展的多重功能，为文化爱好者提供了一种全新的文化体验和实用价值，证明了其在文化创意产业中的领先地位和影响力。

（三）场景式文创空间"辽博雅集"文创商店

2024 年 2 月，辽宁省博物馆推出了创新主题的文创空间"辽博雅集"文创商店，凭借其精心设计的文创产品迅速赢得市场关注。展览空间以"《簪花仕女图》—玉猪龙—瓷器—木艺"为主题策展理念，构建了回廊式展示区，划分为七大主题售卖区。这些区域采用花艺、藤蔓、宣纸、雅竹、实木等元素作为美学基调，营造出独特的视觉和感官体验。从产品种类和属性来看，七大售卖区的商品按照文创逻辑分为三大类：第一类"地方非遗"产品，包括鞍山的传统铁壶、岫玉饰品、手工包袋、发簪等；第二类"馆藏文物元素系列文创"，主要是从馆藏如《簪花仕女图》、《瑞鹤图》、玉猪龙等文物提取元素开发的系列产品，包括文具（手账本、胶带、贴纸、印章集等）、生活用品（冰箱贴、杯垫、周历、相册等）以及服饰和食品（棒棒糖、雪糕、糕点等）；第三类"原创性文创"产品，如以原创角色"嘎咕"为主题开发的系列产品，包括相框、冰箱贴、信息卡等。在互动方面，博物馆采取了双重策略以增强参与感和体验感。一方面，设置了"打卡盖章"活动，观众可以在文创柜台购买专用盖章卡，到盖章机处自助盖章，作为参观的纪念；另一方面，通过"官窑瓷器"展厅内的互动游戏，引导游客深入了解康雍乾时期瓷器的识别与分类，增加了展览的教育价值和趣味性。这些措施不仅使观众能够更深入地接触和理解传统与现代的文化融合，还促进了文化产品的市场化，展示了辽宁省博物馆在推广地方文化方面的创新能力和前瞻性。

"辽博雅集"作为辽宁省博物馆的文化创意产品品牌，以其独特的地域文化特征在地方博物馆文创领域中突显出色，赢得了广泛的公众认可与支持。在国家积极倡导的创新与创业（双创）浪潮的推动下，辽宁省博物馆精准把握了当代"文创"与"国潮"这两大时代趋势，尤其在文化创意产品的开发上，深入挖掘并积极推广了富有地域特色的文化元素，例如红山文化。辽宁省博物馆在选择文化元素时，专注于那些具有丰富历史内涵和广泛知名度的文化知识产权（IP）。如《簪花仕女图》、《瑞鹤图》、玉猪龙、石榴尊等历史文物不仅作为创意灵感的源泉，而且经过精心的系列化开发，这些文化IP旨在不仅恢复其艺术价值，还强调其在现代生活中的实用性。这种系列化开发跨越了传统的文创产品界限，涉及文具、家居装饰品，并扩展至服装、食品、电子产品配件等多个生活领域，实现了文化资源与日常生活需求的完美融合。辽博雅集通过这一系列的产品开发，不仅展示了文物的独特魅力，而且通过将这些文化精粹转化为具体产品，有效地促进了文化的普及与传播。每件产品都是对原有文化遗产的一种现代诠释，使得传统文化能够在当代社会中扮演活跃的角色，并为文化遗产的保护与传承提供了新的视角和动力。通过这种方式，辽宁省博物馆不仅提升了自身的文化影响力，也为文化产业的创新发展开辟了新的道路，为推动地方文化的全面振兴与国家文化软实力的提升做出了重要贡献。

辽宁省博物馆在其文创产品的系列化开发中，格外重视将产品的实用性与美学设计相结合，确保每件产品在满足实际使用功能的同时，也能够有效传递丰富的文化内涵和审美价值。这种策略不仅增强了产品的市场吸引力，而且加深了消费者对于文化元素的理解与欣赏。通过这种综合考虑功能与美感的开发模式，辽宁省博物馆成功地构建了一个完整的文化产品生态系统，并逐步形成了一个自足的文创产业链。这一产业链不仅有效地将博物馆丰富的文化资源转化为持续的经济价值，而且显著提升了公众对辽宁乃至整个中国传统文化的认知和兴趣。辽宁省博物馆的战略布局在推动文化产品市场化和消费化的同时，也极大地提升了博物馆的品牌影响力。辽博雅集不单是一个商业品牌，它也成为辽宁文化传承与创新的重要渠道，为地方及国家的文化产业发展注入了新的活力与创造力。这种战略不仅使博物馆的功能从传统的展览教育扩展到了文化创意产业，还为地方文化的长远发展开辟了新的道路，展示了博物馆在当代社会中的多元角色和新的可能性。

第五节　传统文化与当代设计融合

辽宁省拥有丰富而多元的文化资源，其中传统文化与当代设计的融合不仅体现了创新的尝试，更是地方文化传承与发展的关键推动力。通过深入挖掘辽宁省悠久的历史脉络和文化珍宝，将传统文化元素与现代设计理念巧妙结合，不仅能有效地推动文化创意产品的创新发展，还能极大地促进地方文化的全面复兴。这种策略不仅让传统艺术焕发新生，也为现代社会带来了一种新的文化体验，从而增强地区文化的吸引力和影响力，为地方经济和文化的持续繁荣注入新的活力。

一、传统工艺与现代设计的结合

在辽宁省，传统工艺与现代设计的结合不仅是一种文化传承的实践，也是对市场需求的创新响应。以鞍山岫玉、阜新玛瑙和本溪辽砚为例，这些具有地域特色的材料历来被用于制作精美的工艺品。现代设计师可以将这些传统材料与现代美学理念相结合，开发出符合现代审美和功能性的产品。例如，岫玉可以被用来制作简约风格的家居装饰品，如带有岫玉雕花的灯具，既展现了岫玉的自然美感，也满足了现代家居的设计需求；阜新玛瑙的丰富色彩和独特纹理使其成为设计高端珠宝的理想材料，结合现代珠宝设计，可创造出具有东方韵味且符合国际潮流的时尚饰品；本溪辽砚的传统价值则可以通过设计创新转化为适用于现代书写和绘画的多功能砚台，整合存储、书写等功能，适应现代生活方式。这样的设计创新不仅保持了传统工艺的核心价值，也极大地提升了产品的市场竞争力和文化表现力，为辽宁省的文化创意产业注入了新的活力和灵感。

二、地方民俗与当代艺术的融合

辽宁省的民俗文化，包括一系列传统的社会习俗、表演艺术、节日庆典以及相关的工艺技艺，是该地区文化遗产的重要组成部分。民俗文化通常源自历史悠久的社会生活方式，反映了地区的历史、哲学、价值观和社会结构。在辽宁，这些传统文化形式不仅展示了地方的独特性，也是地区文化身份和传统的体现，包括独具特色的辽宁剪纸、充满活力的舞狮以及富有表演魅力的二人转等。

为了使这些传统艺术与现代技术相结合，我们可以通过引入数字艺术和互动艺术等现代艺术形式，开发出全新的文化表演和展览项目。例如，利用虚拟现实（VR）技术，观众可以在虚拟的表演空间中，无须离家便能身临其境地体验辽宁剪纸的精细工艺或是舞狮的激动人心的表演。增强现实（AR）技术则可以将二人转的演出融入现实世界的任何地点，如公园、广场等公共空间，提供一种新颖的互动体验。这样的技术应用不仅使传统文化焕发新生，也增加了文化传播的现代感和趣味性，使辽宁的传统艺术更加贴近现代社会的生活方式，同时也为更广泛的观众群体提供了接触和了解辽宁传统文化的新途径。通过这些创新的融合，辽宁的民俗文化能够以更加生动和动人的方式持续传承下去。

三、传统故事与现代媒介的创新表达

辽宁地区的历史悠久，其丰富的文化遗产中包含了许多传奇人物和引人入胜的故事，这些历史叙事不仅构成了辽宁的文化基因，也是传承地方文化的重要资源。在当今数字时代，传统的故事有了新的表达方式和传播途径。通过现代媒介如动画、短视频、网络游戏等形式，这些历史故事不仅可以被重新诠释，还可以以全新的视角和形式被推广，从而更加符合现代观众的消费习惯和审美需求。

例如，动画可以将辽宁的传统故事转化为视觉上吸引人的叙述，利用生动的画面和动态效果来讲述故事，增加故事的情感表达和视觉冲击力。短视频则提供了一个快速和直观的方式来吸引现代观众，特别是年青一代，使他们能够在快节奏的生活中迅速获取信息并保持兴趣。网络游戏则更进一步，不仅让观众被动接受故事内容，而且可以让他们通过互动式的游戏环境积极参与到故事中，体验故事情节的发展，甚至影响故事的走向。

将传统故事与当代设计融合带来的好处是多方面的。首先，这种融合有助于保护和传承文化遗产，使传统故事在现代社会中得以保存并继续传播。其次，这种创新的表达方式能够提高传统文化的吸引力和市场潜力，使文化产品更容易被市场接受，增加经济价值。此外，通过现代技术的应用，传统故事的传播不再受地域和时间的限制，可以触达全球观众，提升辽宁文化的国际影响力。

四、文化遗产的数字化保护与利用

利用数字技术来保护和传承文化遗产已成为现代设计中的一个重要趋势。在拥有丰富的文化遗产的辽宁，通过采用 3D 扫描和数字建模等前沿技

术,可以对这些文化遗产进行详细的数字化记录,从而保存其详尽的历史信息。这些数字化的数据不仅可以用于科研和教育,还能开发出各种互动体验项目,如虚拟博物馆和在线教育资源,允许全球观众不受地理限制地接触和学习这些文化财富。

通过这种方式,辽宁的文化遗产既能得到有效的保护,避免时间与环境因素的破坏,同时也能以全新的形式为现代社会所接受和欣赏。这种数字化转型为文化遗产的传播和利用开辟了新的途径,极大地提高了其社会影响力和市场吸引力。此外,将传统文化与现代数字技术结合还满足了现代人对文化产品多样化的需求,增加了文化产品的互动性和教育性,使得文化遗产不仅仅是过去的回忆,更是活生生的教育资源和灵感来源。

这种传统与现代的融合策略能保证文化遗产的持续性和完整性,还能为文化产业的创新提供强大的动力和广阔的发展空间。通过不断探索和实践这些创新方法,可以使辽宁的宝贵文化遗产在全球化和数字化的今天继续发挥其独特的价值和影响力,为未来的文化保护与创新工作树立新的标杆。

| 参考文献 |

［1］郑正真．"十四五"时期我国文创产业发展趋势及路径研究［J］．西部经济管理论坛，2021，32（1）：1－7．

［2］文化和旅游部发布《"十四五"文化和旅游发展规划》［J］．中国会展（中国会议），2021（12）：26－29．

［3］徐飞，陈思熠，孔嘉．我国文化创意产业研究现状分析——基于CNKI（2003—2021）数据［J］．西南民族大学学报（人文社会科学版），2023，44（10）：215－224．

［4］王劲松，赵月琪，王建．弘扬辽宁"六地"红色文化路径研究［J］．文化学刊，2022（11）：146－151．

［5］郭平．我省红色遗址档案有了一个"家"［N］．辽宁日报，2023－11－03（8）．

［6］陈杭伽．金州龙舞的变迁发展与保护［J］．北方音乐，2019，39（20）：246－247．

［7］张磊．新战略背景下辽宁红色文化的发展坐标与价值路径［J］．沈阳大学学报（社会科学版），2019，21（6）：653－657．

［8］刘志刚．将辽宁红色文化融入高校思想政治教育研究［J］．辽宁科技学院学报，2018，20（5）：100－101．

［9］辽宁省文化和旅游厅．辽宁省"十四五"文化和旅游发展规划［EB/OL］．［2022－01－04］．https：//whly. ln. gov. cn/uiFramework/js/pdfjs/web/viewer. html？ file =/eportal/fileDir/data/lnswhlyt/P020220104381092 127820. pdf.

［10］辽宁省文化和旅游厅．辽宁省文旅产业高质量发展行动方案（2023—

2025 年）［EB/OL］．［2023 – 06 – 19］．https：//whly.ln.gov.cn/whly/
zfxxgk/fdzdgknr/lzyj/bbmgfxwj/2023061916392475547/index.shtml.

［11］刘畅．论博物馆社会教育效能的提升——以辽宁省博物馆为例［J］．
对联，2022，28（22）：42 – 44.

［12］杨一翁，王琦．数字时代下城市品牌形象定位及传播［M］．北京：
知识产权出版社，2020.

［13］满韵清风 多彩辽宁——辽宁省旅游局副局长应中元专访［EB/OL］．
［2011 – 10 – 18］．http：//www.chinadaily.com.cn/dfpd/2011 – 10/18/
content_ 13922394.htm.

［14］张健康，等．城市品牌研究［M］．杭州：浙江大学出版社，2013.

［15］孙湘明．城市品牌形象系统研究［M］．北京：人民出版社，2012.

［16］饶鉴．城市文化与品牌形象［M］．北京：中国水利水电出版社，2018.

［17］范周．中国城市文化竞争力研究报告（2015）［M］．北京：知识产权
出版社，2015.

［18］隗辉．网络环境下武汉市"国家中心城市"品牌形象建设研究［J］．
湖北社会科学，2021（6）：57 – 63.

［19］鹿振林．新媒体与传统媒体的碰撞融合研究［D］．泰安：山东农业大
学，2015.

［20］韩银燕，王非．辽宁省文化创意产业发展现状调查研究［J］．文化创
新比较研究，2020，4（8）：186 – 188.

［21］侯君．文化创意产业时代的城市品牌传播研究［D］．郑州：河南大
学，2011.

［22］昌思达．"老工业城市"的新名片——沈阳城市形象的重塑与传播
［D］．合肥：安徽大学，2013.

［23］潘海参．个性化"城市意象"下的城市品牌形象塑造——以杭州为例
［J］．城市发展研究，2021，28（3）：40 – 43.

［24］张志刚，弓雅琪．辽宁省文化创意产业发展现状的 SWOT 分析［J］．
辽宁行政学院学报，2014，16（9）：66 – 69.

［25］姚志明．文化创意产业时代的城市品牌传播与塑造研究——以宁波市为例［J］．传媒论坛，2020，3（4）：136－137．

［26］耿舒畅，宗诚．展示设计［M］．重庆：西南大学出版社，2024．

|附　图|

图1　纽约古根海姆博物馆螺旋状的建筑外立面

图2　纽约吉根海姆博物馆内部盘旋上升的步道形成的艺术美感

图3　美国国家美术馆东馆新馆

图 4　美国国家美术馆东馆新馆内部大堂顶棚的三角形天窗

图 5　水晶宫外观

图6 水晶宫内部绘画记录图

图7 渥太华自然博物馆古生物展厅

图 8　上海世博会英国馆

图 9　班夫国家公园的室外展示

图10　蒙特利尔艺术博物馆艺术绘画静态展示

图11　庞贝古城火山喷发动态展示

图 12   辽宁省城市品牌形象建设视觉形象

图 13   标准图标

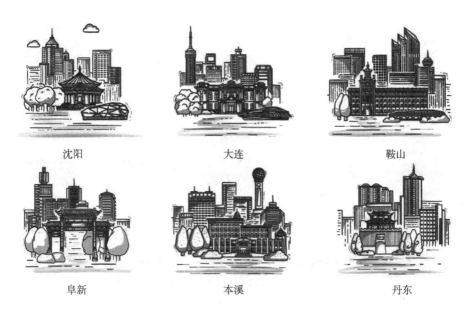

沈阳　　　　　　　　　　大连　　　　　　　　　　鞍山

阜新　　　　　　　　　　本溪　　　　　　　　　　丹东

图 14　辽宁各城市地标性现代建筑图案（一）

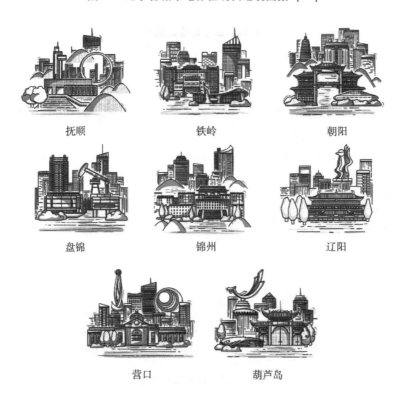

抚顺　　　　　　　　　　铁岭　　　　　　　　　　朝阳

盘锦　　　　　　　　　　锦州　　　　　　　　　　辽阳

营口　　　　　　　　　　葫芦岛

图 15　辽宁各城市地标性现代建筑图案（二）

沈阳——沈阳故宫	大连——中国银行	鞍山——玉佛苑	抚顺——赫图阿拉城	本溪——铁刹山
铁岭——兀术城	朝阳——朝阳北塔	盘锦——东湖公园	阜新——瑞应寺	辽阳——广佑寺
丹东——三靖阁	营口——归茗寺	锦州——九华山公园	葫芦岛——兴城古城	

图 16　辽宁老建筑图案

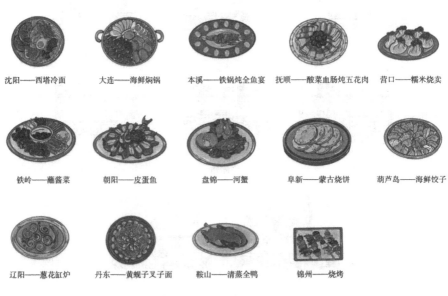

沈阳——西塔冷面	大连——海鲜焖锅	本溪——铁锅炖全鱼宴	抚顺——酸菜血肠炖五花肉	营口——糯米烧卖
铁岭——蘸酱菜	朝阳——皮蛋鱼	盘锦——河蟹	阜新——蒙古烧饼	葫芦岛——海鲜饺子
辽阳——葱花缸炉	丹东——黄蚬子叉子面	鞍山——清蒸全鸭	锦州——烧烤	

图 17　辽宁饮食文化图案

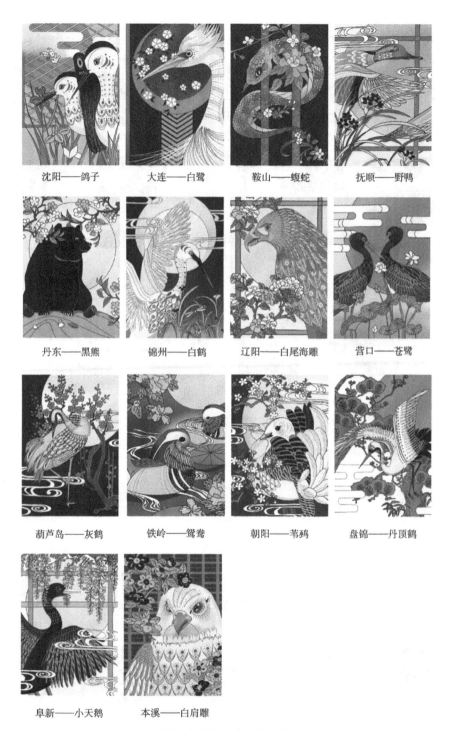

沈阳——鸽子　　大连——白鹭　　鞍山——蝮蛇　　抚顺——野鸭

丹东——黑熊　　锦州——白鹤　　辽阳——白尾海雕　　营口——苍鹭

葫芦岛——灰鹤　　铁岭——鸳鸯　　朝阳——苇鳽　　盘锦——丹顶鹤

阜新——小天鹅　　本溪——白肩雕

图18　辽宁省内动物图案

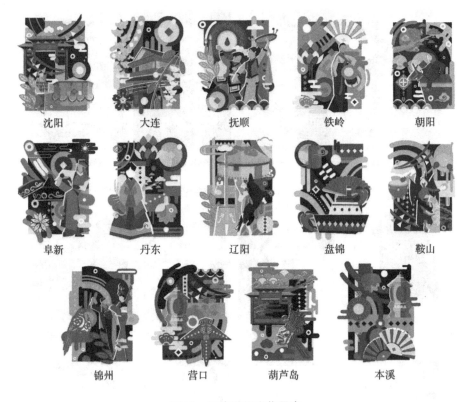

图 19　辽宁风俗文化图案

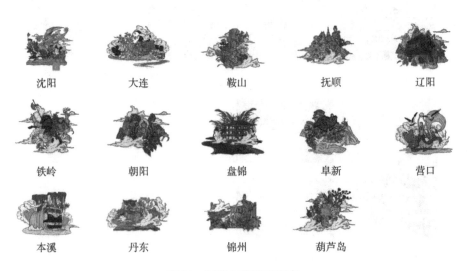

图 20　辽宁自然风光图案

沈阳——毛笔制作　　　沈阳——老龙口白酒酿造工艺　　　沈阳——书画修复技艺

沈阳——唐派京剧　　　大连——虎头鞋　　　大连——金州狮舞

铁岭——秋夕节　　　盘锦——紫砂壶制作　　　阜新——剪纸　　　丹东——满族荷包

锦州——评剧　　　辽阳——风筝　　　营口——舞龙　　　抚顺——皮影

图 21　辽宁非遗文化图案

第一艘国产万吨巨轮 "跃进号"　　第一架舰载机 歼-15　　第一台自主研发高端数控 机床KDW-4600FH　　400英尺自升式 钻井平台

第一辆内燃机车 "巨龙号"　　第一辆有轨电车　　世界上第一支花开放的地方， 世界上第一只鸟飞起的地方　　大连樱桃全国最好吃

图 22　辽宁之最图案

图 23　"智造辽宁" IP 形象整体表现

沈阳　　大连　　鞍山　　抚顺　　铁岭　　朝阳　　阜新

本溪　　丹东　　锦州　　辽阳　　营口　　葫芦岛　　盘锦

图 24　"智造辽宁" 各市 IP 形象

图 25 "乐居辽宁" IP 形象整体表现

沈阳——灰喜鹊　　大连——黑头树鹊　　鞍山——红嘴蓝鹊　　抚顺——太平鸟

铁岭——贝子鸟　　朝阳——暗绿绣眼鸟　　盘锦——红嘴白鸟　　阜新——翠鸟

本溪——绿头鸭　　丹东——斑尾滕鹬　　锦州——林鹬

辽阳——白琵鹭　　营口——海鸥　　葫芦岛——云雀

图 26 "乐居辽宁" 各市 IP 形象